零碳金融
ZERO CARBON FINANCE
碳中和的发展转型

王广宇◎著

中国出版集团
中译出版社

图书在版编目（CIP）数据

零碳金融 / 王广宇著 . -- 北京：中译出版社，2021.10

ISBN 978-7-5001-6757-0

Ⅰ.①零… Ⅱ.①王… Ⅲ.①金融业—绿色经济—研究—中国 Ⅳ.① F832

中国版本图书馆 CIP 数据核字（2021）第 193801 号

出版发行：中译出版社
地　　址：北京市西城区车公庄大街甲 4 号物华大厦六层
电　　话：010-68359719
邮　　编：100044
电子邮箱：book @ ctph. com. cn
网　　址：www.ctph.com.cn

策划编辑：于　宇　龙彬彬
责任编辑：龙彬彬　冯　英
营销编辑：张　晴　吴一凡　杨　菲
封面设计：李　甦
排　　版：聚贤阁

印　　刷：北京顶佳世纪印刷有限公司
经　　销：新华书店
规　　格：787mm×1092mm　1/16
印　　张：17.75
字　　数：230 千字
版　　次：2021 年 10 月第 1 版
印　　次：2021 年 10 月第 1 次

ISBN 978-7-5001-6757-0　　定价：68.00 元

版权所有　侵权必究
中　译　出　版　社

专家推荐

《零碳金融》一书值得学习。实现"碳达峰、碳中和"目标,"转绿"的金融将做出重要的、无可替代的贡献!

——杜祥琬　中国工程院院士、国家气候变化专家委员会名誉主任

实现双碳目标,应对气候挑战,是实现可持续发展的重大举措。企业家如何参与其中,《零碳金融》会给你启发。如果每位企业家都能在每项经济活动和每笔投资中做到绿色低碳,实现经济效益和社会价值的一致性,从而促进经济与金融的转型变革,那么可持续发展就会变为现实。

——马蔚华　国家科技成果转换引导基金理事长、深圳国际公益学院董事会主席

"2030年前实现碳达标、2060年前实现碳中和"既是我国作为负责任大国对世界的庄严承诺,也是高质量发展的重要内容。实现双碳目标需要绿色科技支撑、政府政策引导,需要企业和社会共同努力,其中金融自然不能缺位。本书对金融支持绿色转型实现碳中和的体系、作用、方式、机遇等进行了深入浅出的系统探讨,值得关心我国绿色挑战和高质量发展的各界人士阅读参考。

——林毅夫　北京大学新结构经济学研究院院长、国家发展研究院名誉院长

实现碳中和宏伟目标是一项涉及经济社会发展全局的系统工程,金融将扮演不可替代的重要角色。本书作者从碳金融、绿色金融、转型金融的角度做深入分析,对于所有从事碳中和事业的工作者都有重要启示与指导作用。

——石定寰　中国可再生能源学会第七和第八届理事长、
世界绿色设计组织主席、国务院原参事

未来十年，中国既要完成工业化又要减碳，这是所有先行工业化国家未曾走过的路——不仅需要发展新能源和绿色制造，更迫切需要一整套相应的制度供给。作者在"转型金融"的开拓性研究中，提出了"碳中和"目标下，碳金融、碳投资、碳交易、碳税收等一系列新理念、规则和机制，为推进我国减碳行动提供了金融支撑。

——**新　望**　中制智库理事长暨研究院院长

双碳目标是极难实现的，这不仅是一场能源革命、一场系统的经济社会革命，也必然是一场金融革命。金融界无论从责任、道义还是机会、利益等角度，都需要高度重视、深度参与、全程助推双碳目标的实现。本书为各界提供了一张完整的碳金融路线图和工具菜单。我们应该明确方向，躬身入局，利其器、善其事。

——**管清友**　如是金融研究院院长

百年未有之大变局中企业要改变发展模式，可持续即是最重要目标之一。产业升级和变革都离不开金融支撑。在国家双碳战略背景下，金融行业面临巨大机遇和挑战。如何积极拥抱这场深刻的变革？本书可以帮你深刻理解绿色金融、碳金融、转型金融等一系列重要现象和前沿趋势，助你把握先机。

——**毛基业**　中国人民大学商学院院长

一部洞察力和实操性双强的力作。提供了金融"转绿"和可持续发展的新思路，指出了金融业促进双碳目标实现的新挑战和新机遇。

——**周立红**　欧盟中国商会创会会长、中国银行卢森堡有限公司原董事长

序

自2020年9月习近平总书记在联合国大会上宣布我国的碳中和目标以来，双碳问题便成为社会经济发展一大热点。从世界范围来看，气候变化是人类共同面临的长期重大挑战，为此全球已有超过120个国家和地区提出了碳中和的目标，一场波澜壮阔的全球绿色低碳转型大潮正在形成。

作为世界上最大的发展中国家，我国当前社会年碳排放总量超过100亿吨，约占全世界年碳排放总量的30%。最近的十年间，我国二氧化碳排放总量年均增长率为2.5%，约为全球年均增长率的2倍。因此实现"2030年前碳达峰、2060年前碳中和"是相当具有挑战性的任务。与其他国家及地区相比，欧盟约在20世纪80年代便实现达峰，其宣布将在2050年实现碳中和，从碳达峰至碳中和预计有60—70年的时间；美国和日本大约在2007—2008年实现碳达峰，同样宣布将在2050年实现碳中和，预计有40多年的过渡时间；我国计划达峰后仅用30年时间，也就是2060年实现碳中和。这一目标的实现任重而道远，需要各行各业通力合作，不能有一丝一毫的懈怠。

当前，各行各业均开始着力制定碳中和实施方案，探索各自领域的碳中和路径。各行各业也开展实际行动，为碳达峰及碳中和做出贡献。以清华大学经管学院来说，我们组织多位学者深入研究能源与环境经济学方面的重要问题，例如通过经济学建模分析全国碳市场对我国宏观经济、企业竞争力的影响，通过碳税政策的综合评估模型分析气候变化与大气污染协同治理研究，进行碳金融市场分析，等等，为实现"碳达峰、碳中和"目标贡献智慧和力量。

如何实现碳中和目标？实现碳中和需要以技术可行性及经济可行性为前提，这两者相辅相成、相互支撑。技术可行的前提需要有良好的技术创新动力及应用环境；能够给科研人员足够的激励、给企业足够的动力去研发新的技术，并有一定的市场基础去推广这些技术。同样，技术的创新会降低减碳的成本，降低碳中和目标的实现难度。毫无疑问，金融行业可以在这个过程中发挥核心及关键作用。金融和投资机构应该以怎样的姿态去对待"双碳"目标，直接或间接发挥作用，涉及理念问题、制度问题、市场机制问题等，还有很多工作要做。

《零碳金融》一书深入探讨了这些问题，提出了很多有启发性的观点。全书的内容非常全面，不只讨论了绿色金融、碳金融，对转型金融这一新兴概念也做了重点论述，同时对转型金融、权益金融和绿色投资的理念、作用、意义以及运行机理都做了详细阐述。

经济要转型，人是关键。过去我讲过中国经济是很有韧性的，这种韧性来自中国人对美好生活的追求。中国的企业家和普通老百姓通过自身的努力，为中国经济带来了无穷的动力。面对疫情对我国经济的影响，只要企业保住了，疫情得到控制，经济就会较快恢复。同样，实现碳中和这样一个伟大而艰巨的任务，需要千千万万的企业家共同努力，也需要我们每个人做出改变。因此，我很赞同书中提到"实现碳中和，企业是主力军"的论点，也非常认可书中对企业家精神的肯定。碳中和目标提出后，一批国企、民企包括能源、制造、科技和互联网等企业纷纷提出了各自的碳达峰及减碳综合方案，这给我们实现"双碳"目标以非常大的信心。当然，我们也应该清楚认识到实现"碳达峰、碳中和"目标的艰巨性，不可能一蹴而就，需要久久为功，在此与大家共勉。

白重恩
清华大学经济管理学院院长
清华大学经济管理学院弗里曼讲席教授
2021年9月

前　言

实现碳中和应重视发展转型金融*

碳中和是全球新的价值共识：各国既要快速发展经济，又要打造可持续高韧性社会，尽早实现温室气体净零排放，规避温室效应导致生存环境恶化的可能。中国做出2030年碳达峰、2060年碳中和的承诺，是人类气候合作领域的里程碑式事件，金融投资机构应该深入思考如何支持碳中和实现。

一、零碳金融：支持绿色转型、实现碳中和的作用域

在金融服务实体经济的战略思考中，应该研判金融部门如何支持绿色转型的责任和实现路径。结合目前业务实践，金融支持绿色转型和实现"双碳"目标，主要有三个作用域：绿色金融、碳金融以及转型金融。这三个领域积累、调整和发力，将构成新的金融生态——"零碳金融"。

绿色金融的概念有严格界定，也有明确的国际共识，这决定了其规模和覆盖面有限。绿色金融的主要产品是银行绿色信贷和绿色债券，前者主要投向基础设施绿色升级和清洁能源，后者主要投向国有

---

* 本文曾发表于2021年7月5日《中国经济时报》，略有修改。

企业。目前，中国的绿色金融发展很迅速，但总体规模比较有限，一些深层次问题有待解决。

碳金融主要指与碳排放权交易有关的金融市场业务。当前，各界对碳金融问题比较重视，碳权、碳汇、碳配额等碳金融专业术语及讨论热火朝天。我国在多年试点基础上，正在设计和推出明确的碳金融市场体系，已经出台了相关的制度安排。碳金融市场在中国已经起步，如何吸引更多企业和投资者参与则任重道远。

转型金融是"碳中和"目标确定后金融业界面对的新挑战、新问题。当前，业界对它的定义还没有达成一致，有关研究也刚刚起步，但总体上说，转型金融就是为构建绿色低碳的产业、清洁高效的能源和可持续发展的商业体系，金融市场应对做出的主体业务调整。为实现"碳中和"，并非只有将资金投向清洁能源和低碳产业的"绿色金融""碳金融"才有价值，金融业面对的整体挑战是：社会存在大量传统的非清洁、非绿色、非低碳，但正在转向可持续发展的产业，市场与机构该如何应对？扩大绿色金融份额之外，非绿色金融的业务体系和服务部门还能做什么，应不应该做出调整？答案其实非常清楚。相比绿色金融和碳金融，转型金融面临的挑战众多、规模宏大、压力巨大。在本质上，转型金融是金融市场针对气候变化问题提供的所有能够减少或限制温室气体排放的主动调整性质的主体业务行为，主要体现为直接融资部门的绿色投资（权益金融）和间接融资部门的有目标指向性的转型金融服务（可持续信贷及金融工具）。

转型金融的覆盖面广、作用周期长、实施难度大，也正因如此才凸显其重要性。2020年全球排放约510亿吨准二氧化碳，其中工业（钢铁、水泥、塑料等）占31%，电力占27%，农业占19%，交通占16%，居住（温度调节）占7%，绝大多数是传统非绿色产业的排放。如何对其提供低碳导向的绿色投资和可持续信贷，促进其转型实现

"洗绿""漂绿""染绿",最终步入绿色经济殿堂,市场机构和投资者对转型金融这一问题的研究还有待深化。

二、绿色金融：体系初成，前程远大

绿色金融的核心是成熟金融机构借助成熟的金融工具,为绿色产业发展提供金融推动力,包括绿色信贷、绿色股票、绿色基金、绿色信托、绿色债券、绿色保险等品种。党的十九大报告指出："要建立健全绿色低碳循环发展的经济体系。构建市场导向的绿色技术创新体系,发展绿色金融,壮大节能环保产业、清洁生产产业、清洁能源产业。推进能源生产和消费革命,构建清洁低碳、安全高效的能源体系。"多年来,政府金融监管部门出台了多项制度,引导更多社会资金投入绿色领域。2017年国务院决定在浙江、江西、广东、贵州、新疆五省（自治区）建设绿色金融改革创新试验区；有关部委联合发布最新《绿色产业指导目录（2019年版）》；人民银行和证监会联合发布《绿色债券支持项目目录（2021年版）》……我国绿色金融标准体系初步建立。

绿色金融存在几个深层次问题：如何界定绿色产业和绿色客户（绿不绿）？如何做绿色评级（有多绿）？是否所有的绿色企业都是一样绿（绿多久）？此外,绿色金融的收益和成本估算等都比较粗浅。举一组有关绿色信贷的数据：截至2020年末,中国绿色贷款余额近12万亿元,但只占到中国银行贷款总额的5%左右。此外,绿色债券发展迅速,但比重很低。据气候债券倡议组织数据,2020年全球累计绿色债券发行额达到创纪录的2 695亿美元。中国153个主体发行了218只绿色债券,累计发行金额2 221.61亿元,约占同期全球绿色债券发行规模的11.9%,只占同期中国债券余额的0.4%左右。

未来发展绿色金融需要做好以下几方面工作：一是建立更完善的绿色金融标准，使金融机构对绿色项目认证能够快速准确界定；二是金融机构应该增强识别绿色项目的能力，提高业务能力，解决辨别项目的绿色程度较弱、造成投资和业务意愿不强的问题；三是绿色金融体系应该进一步创新、发展更多的工具和产品，应对市场需求；四是绿色金融的市场和监管体系需要加快完善，包括对市场准入、项目开放、风险登记、对冲补偿等制度的健全。

三、碳金融：创新交易，强力减排

碳金融主要指与碳排放权交易有关的金融业务，处于法律体系和政策所逐步实现的市场设计。依据2021年2月1日开始施行的《碳排放权交易管理办法（试行）》，碳排放权是指分配给重点排放单位的规定时期内的碳排放额度，而碳排放额度是碳排放权的载体，企业可在碳市场中自由交易、转让持有的多余配额并获得一定收益，投资者也可按规定参与碳排放权的买卖交易。

目前，碳排放权市场已正式进入第一个履约周期，有关法律法规对碳排放权采用相对较窄的定义。广义的碳排放权包括碳配额和碳信用：在碳排放配额机制中，政府通过设定上限直接约束重点企业排放额，目标是减少它们的排放总量；在碳信用机制中，政府允许企业基于减排或者创造减少温室气体的项目，从而生成减排量核证，抵消碳排放配额，提高碳吸收总量。碳信用机制最好的应用是CCER（中国国家核证自愿减排量），2020年国际航空碳抵消与减排计划宣布可用CCER进行抵消，为CCER接轨国际提供了契机。

碳市场可以分成一级市场和二级市场。一级市场是指政府与重点排放单位之间的交易，二级市场是指重点排放单位之间或其与投资者之间的交易。目前,一级市场碳排放的配额是由政府免费发放的,因此,碳定价的机制体现在二级市场。中国碳排放权交易市场将分为全国碳排放权交易市场与地方碳排放权交易试点市场。自2011年以来,北京、天津、上海等八个地区已陆续开展碳排放权交易试点,但2020年地方交易量只有16亿元。市场流动性不足导致市场成交价波动大、远低于资产合理价值,2020年北京碳排放均价在80元/吨,上海均价40元/吨,其余各地也都维持在20元—50元/吨,交易总量也远远达不到可以降低排放成本、减少排放的要求。《碳排放权交易管理办法(试行)》推出后,确定了交易模式采取协议转让、单向竞价的模式,这与其他商品现货交易所建制是一致的,当前确定的交易场所在上海,结算机构在武汉,CCER和国家碳排放配额抵消在同一系统中登记,中国碳金融市场2021年7月已正式面世。除排放权交易之外,在可以预见的时间内,在碳金融衍生品、期货、质押融资领域中都可能会出现一系列新金融工具。

中国碳金融的发展,首先,不仅要为重点企业确定排放配额,而且要建立排放源可追溯的机制。只有建立排放源可追溯的机制,才能使交易社会各界的监督行为具有可能性。其次,要培育碳金融交易的基础能力。碳金融交易作为新兴事物涉及很多主体,目前,交易环节、交易方式和交易程序比较复杂,无论是政府还是企业或投资者都需要较长时间才能适应,形成能力需要更久。只有让市场创造更多的交易机会、更多企业参与以高效方式处理碳权、更多投资者通过碳金融交易获利,这一领域才有持续发展的价值。当然,也要避免"一窝蜂"、上得快销声匿迹也快的现象。再次,要进一步丰富碳金融产品。未来要加快推出更多金融产品,包括期货、衍生品、融资产品等都能够进一步试点推广,引导企业获得适合自己特点和需求的碳金融产品。

四、转型金融有助于降低绿色溢价

对于中国这样的发展中国家来说，在短期内看不到零碳能源成本大幅度降低的可能性，提高传统能源成本的空间也不大。因此，一方面，转型金融的绿色投资（包括风险投资和权益投资）要发挥作用，把更多的资金投在科技、创新零碳、低碳技术，投在能源、制造等突破性领域，使零碳排放成本大幅度下降；另一方面，适时改变传统能源成本定价，甚至推动兼并整合，最终提高能源综合效率。

转型金融有助于降低绿色溢价，绿色权益投资与可持续信贷两者的业务前景都十分广阔。绿色投资和可持续信贷可以围绕三个主战场发力：驱动能源的清洁化可再生，助力推动制造业转型及减排，促进农业科技化和现代化。

第一，驱动清洁能源可再生。世界可再生能源投资额现在已达到历史最高水平，2020年可再生能源发电占整个发电比重为20%，预计2030年将达到30%。我国可再生能源发电也取得显著成效，截至2020年底，我国可再生能源发电装机总规模达到9.3亿千瓦，占总装机的比重达到42.4%，当年可再生能源发电量占全社会用电量的比重达29.5%。到"十四五"末，可再生能源发电装机占我国电力总装机的比例将超过50%。预计可再生能源在全社会用电量增量中的占比将达到2/3左右，在一次能源消费增量中的占比将超过50%。

第二，推动制造业转型和减排。在我国制造业中，能源密集型的六大制造业包括化学原料及化学制品制造业、非金属矿物制品业、黑色金属冶炼及压延加工业、有色金属冶炼及压延加工业、石油加工炼焦及核燃料加工业、电力热力的生产和供应业。这些产业的转型、减排空间和难度都不小。这些行业大多是资金密集型，转型金融如果发挥作用，驱动六大行业实现能源应用转型、减少排放，将是当前面临最大的机遇。

第三，促进农业现代化和科技化。传统农业生产和生活习惯不改变，养殖产业、种植堆肥、过量使用氮肥、森林砍伐和燃烧等都会造成复杂的排放问题。转型金融可以积极发力，支持农业龙头企业和产业振兴，在动植物资源和育种、新科技型营养品生产，农业基础设施升级和精准农业服务创新领域发挥重要作用。

五、权益投资"点绿成金"催生碳中和技术

转型金融最大的价值空间在于，权益金融机构能在多长时间内实现全面战略"转绿"——能够孵化和创造多少碳中和技术，何时能够投入应用？权益金融部门应该明确"点绿成金"的计划和战略，让更多的长期资金投入前沿研发和开创性领域，推动碳减排、零碳技术的革新。

碳减排技术是要降低能源消耗的技术，能广泛应用于生产生活。碳减排技术需要大量、长期的资金投入以及众多技术人员和企业持之以恒地进行商业化改造、规模化使用，才能真正发挥作用。零碳技术的想象空间更大。在能源转型方面，氢能的前景目前比较看好，它比电动车中使用的锂电池储能密度更高。但是与氢有关的技术还欠成熟，绿氢生产、液化、储存、燃料电池及安全都还有众多问题待解决，多长时间内氢能作为交通主要能源，用上氢能汽车、出现氢能轮船和飞机，还需要大量的投资和创新企业前赴后继。不过，科技的未来想象力是无尽的，零碳技术可能出现颠覆性突破。

这样看来，权益金融"点绿成金"成功，是支持绿色经济转型的关键。除风险投资外，股权和并购等金融资本也会关注低碳企业的整合兼并，限制传统能源技术应用，为优秀的绿色企业提供更多金融动

力。即使对单纯的市场投资者而言,气候变化关系到长期投资保值,气候变化的影响使投资机构不能通过简单的分散投资或者撤销投资来规避风险。因此,权益金融机构需要尽快主动"转绿",通过积极的ESG(环境、社会和治理)和负责任的投资管理,确定净零目标,把握转型机遇,有机会实现整体投资价值的长期提升。

六、重视数字化减排,弘扬企业家精神

实现碳中和的最终路径必须靠政策、技术和市场三者合力完成:政府出台科学的政策,科研部门提供创新技术,企业家提供市场和商业发展。其中,实体企业在这一过程中扮演着重要的角色,必须借助数字化工具,提升效率实现减排。同时,必须弘扬企业家精神,创新技术和产品服务,最终实现低碳绿色的经济发展。

自新冠肺炎疫情暴发以来,数字化浪潮给全世界每个人的生产、生活方式带来巨大变化。同样,数字化转型也为碳减排提供了巨大推力。除去数字化支持金融部门构建碳市场、促进碳交易、核算碳足迹,提高市场效率而产生的补充效益外,数字化减排体现为降低数字产业自身碳排放的直接效益,以及推动其他产业减少碳排放的间接效益。

在直接效益方面,数字经济和电子信息产业本身对减排和污染防治领域较为重视,在中国数字经济将长期扮演最大、最具潜力的产业地位,特别是智能制造、智能农业和移动智能等领域,减排积极性较高。下一步,如何发展更低能耗的数字产业,更好规划、建设、运行数字城市网络,如何依靠人工智能(AI)提高能耗管理水平,都是未来减排和低碳发展的研究方向。

在间接效益方面,数字化可以推动传统产业数字化转型,改进能源配置结构,提高清洁能源替代程度,促进传统能源消费效率提升。

前 言

数字化还可能帮助构建能源互联网和物联网。能源互联网的价值在于通过应用数字化技术，生产者可以更快速、更灵活地开展能源生产和储存，借力全球化数字运营，能源网络（电网）可以降低成本；在传输领域，借力智能化、网络化模式优化输送能力；能源使用者可以创新商业模式，实现生产效率提升——在能源消费服务的各个方面，可以由多元的市场参与者围绕消费端的精准数据及万物互联（IOT），提供一系列绿色节能数字产品和服务，实现能源生产消费全链条的绿色转型。

金融服务实体、投资注入实体的关键都是企业家，企业家群体在双碳转型中有特别重要的作用。创造新的产品和新的技术，推进在零碳产业中的规模化应用，引导长期资本投向改变未来的科技——在实现碳中和问题上，企业的作用最特殊，企业家精神最稀缺、最重要。如果没有企业或企业家的介入，碳中和就可能只留在口号层面。

当前，"碳中和"的政策、法律制度和发展环境正在完善，新一代企业家应以更强的使命感响应国家号召。低碳技术的发展、数字化转型和零碳金融的赋能，为企业进行低碳绿色转型提供了高水准舞台。从企业家角度来看可以"重做一遍"：数字化转型重做一遍是重新界定客户、产品、品牌、渠道和利益相关者，低碳转型重做一遍则要在节能减排、创新产品、推动低碳消费的行动中，开拓新发展道路，做出新商业模式。更关键的是，中国和国际社会目前处于合作的特殊时期，企业家本来就承担着连接本土和国际市场、联通中国和全世界的职责，应该把握国际气候合作的良好主题奋发有为。只有更多的企业家躬身入局，更多转型金融和"零碳金融"的举措涌现，更多创新颠覆性科技发明出现，更多绿色可持续企业才能得到发展，"双碳"目标和高质量经济发展才能够更快实现。

目 录

第一章 碳中和金融分析

一、双碳目标与新发展框架 / 003

（一）低碳转型是未来发展路径 / 003

（二）减排要依靠市场机制 / 004

二、绿色溢价 / 009

（一）平价碳成本 / 010

（二）绿色溢价与碳价 / 011

三、碳产权与外部性 / 012

（一）气候变化的外部性 / 012

（二）碳产权 / 012

（三）碳配额与碳信用 / 016

四、便利收益 / 017

（一）便利收益与风险溢价 / 017

（二）碳便利收益的期权特性 / 018

五、风险管理 / 018

（一）非市场风险 / 019

（二）市场基础、运行和滥用风险 / 021

第二章　绿色消费与碳足迹

- 一、碳足迹与碳信息披露 / 027
  - （一）碳标签 / 027
  - （二）消费源头减排 / 029
  - （三）碳信息披露 / 030
- 二、绿色消费引导绿色供给 / 032
  - （一）绿色战略顶层设计 / 033
  - （二）执行新型消费计划 / 035
  - （三）增加创新绿色供给 / 036
- 三、绿色行为与个人激励 / 037
  - （一）观念机制更新 / 037
  - （二）环保行为干预 / 041

第三章　零碳金融

- 一、金融：零碳化调整 / 047
  - （一）实现碳中和的三大金融域 / 047
  - （二）发展零碳金融至关重要 / 054
- 二、气候金融 / 056
  - （一）内涵与实践 / 057
  - （二）气候金融体系 / 059
- 三、权益与包容性金融 / 063
  - （一）权益金融和投资基金 / 063
  - （二）普惠与包容性金融 / 066
- 四、可持续金融 / 067
- 五、零碳金融应重视发展转型 / 069
  - （一）完善绿色标准 / 069
  - （二）披露环境信息 / 070
  - （三）激励低碳投融资 / 070

目 录

第四章 碳金融

- 一、碳排放权交易 / 075
  - （一）交易标的 / 075
  - （二）商品与金融属性 / 077
- 二、主要规则 / 078
  - （一）交易制度 / 078
  - （二）市场主体 / 081
- 三、碳产品 / 082
  - （一）碳现货：新征程 / 082
  - （二）碳期货：大未来 / 084
  - （三）碳金融衍生品 / 086
- 四、碳基金投资 / 090

第五章 绿色金融

- 一、绿色信贷 / 101
  - （一）界定与概述 / 101
  - （二）绿色信贷制度 / 105
  - （三）银行绿色信贷管理 / 107
- 二、绿色证券 / 109
  - （一）界定与概述 / 110
  - （二）制度与指数 / 113
  - （三）ESG 与信息披露 / 116
- 三、绿色债券 / 120
  - （一）界定与概述 / 120
  - （二）标准与实践 / 121
  - （三）发行条件与流程 / 127
- 四、绿色保险 / 131
  - （一）界定与概述 / 131

　　　　（二）制度与实践 / 133
　　　　（三）发展与保障 / 136
　　五、完善中国绿色金融政策框架 / 140
　　　　（一）优化绿色金融标准 / 141
　　　　（二）强化能力完善认证 / 142
　　　　（三）创新产品鼓励披露 / 143

第六章　转型投资

　　一、能源清洁和可再生 / 147
　　　　（一）清洁发电和可再生能源 / 149
　　　　（二）生物质开发利用（非电力）/ 151
　　二、能源密集型制造业 / 152
　　　　（一）制造端是主要排放源 / 152
　　　　（二）制造业升级与减排 / 153
　　三、交通和居住产业 / 154
　　　　（一）新能源汽车 / 154
　　　　（二）节能建筑 / 156
　　四、农业现代化与科技化 / 157
　　　　（一）动植物资源与现代育种科技 / 158
　　　　（二）农产品与食品安全科技 / 161
　　　　（三）农业现代化设施与信息化 / 161
　　　　（四）林业科技与森林碳汇 / 165
　　五、突破性前沿科技 / 165
　　　　（一）碳减排技术 / 165
　　　　（二）零碳与负碳技术 / 168

第七章　有为政府

　　一、碳政策组合 / 175

二、碳税与碳边境税 / 178
　　（一）碳税的讨论 / 178
　　（二）碳边境税与碳泄漏 / 180
　　（三）碳关税对中国的挑战 / 182
三、碳监管 / 183
　　（一）国外碳市场的监管经验 / 184
　　（二）构建公平有效监管体系 / 185
　　（三）强化市场监管手段 / 186
　　（四）全程监管：从排放行为到配额交易 / 187
四、完善法制体系 / 188
　　（一）提高层级配套细则 / 189
　　（二）完善法制内在逻辑 / 190
五、消除非市场壁垒 / 193
　　（一）规范各行业减排技术标准 / 193
　　（二）构建碳排放核查体系 / 193

第八章　国际借鉴

一、美国：自主碳减排交易 / 197
二、欧盟：完备碳市场尝试 / 199
三、日本：碳排放总量交易 / 202
四、印度：探索碳期货和碳融资 / 205

第九章　数字化减排

一、数字化浪潮：推动减碳 / 211
二、数字化生活与居民减排 / 213
三、数字化转型与企业减排 / 214
　　（一）数字产业发展优先减排 / 216
　　（二）数字化转型加速制造业减排 / 219

四、能源互联网驱动减排 / 220
　　　　（一）释放数字化潜力提效 / 220
　　　　（二）能源与工业互联网脱碳 / 221
　　五、数字化减排的新空间 / 224
　　　　（一）发挥大型科技公司的优势 / 224
　　　　（二）助力城市管理和运行减碳 / 227

第十章　新实体企业：重做一遍
　　一、实现碳中和，企业是主力军 / 231
　　　　（一）明确双碳战略 / 231
　　　　（二）培育低碳新模式 / 232
　　　　（三）内部碳资产管理 / 233
　　二、零碳金融：支持新实体 / 235
　　　　（一）服务之上更应支持转型 / 235
　　　　（二）传统金融加速"点绿成金" / 237
　　三、企业家精神：实现碳中和的关键 / 238
　　四、应对气候危机：中国企业在行动 / 241

参考文献 / 247

后　记 / 255

附　录 / 257

第一章

碳中和金融分析

扎实做好碳达峰、碳中和各项工作。制定2030年前碳排放达峰行动方案。优化产业结构和能源结构……加快建设全国用能权、碳排放权交易市场，完善能源消费双控制度。实施金融支持绿色低碳发展专项政策，设立碳减排支持工具。提升生态系统碳汇能力。中国作为地球村的一员，将以实际行动为全球应对气候变化做出应有贡献。

——李克强总理2021年国务院政府工作报告

工业革命以来，人类活动产生的大量温室气体排放，导致气候变化成为全世界面临的最严峻风险之一。碳中和是全球新的价值共识：各国既要快速发展经济，也要建造可持续高韧性社会，尽早实现温室气体净零排放，规避温室效应导致生存环境恶化的可能。中国做出"2030年前碳达峰、2060年前碳中和"的承诺，是人类气候合作领域中一个里程碑式的事件。

在金融服务实体经济的战略思考中，应当研判如何支持绿色转型的责任和实现路径。结合目前业务实践，金融支持绿色转型和实现"双碳"目标，主要有三个作用域：绿色金融、碳金融以及转型金融。只有更多的企业家躬身入局，更多零碳金融的举措涌现，更多颠覆性科技发明出现，更多绿色可持续企业才能得到发展，"双碳"目标和高质量经济才能够更快实现。

一、双碳目标与新发展框架

（一）低碳转型是未来发展路径

随着经济的持续增长，我国已成为全世界二氧化碳排放量最大的国家。由"温室效应"导致的一系列不良影响，已经严重威胁人类的生存环境甚至生命健康。在此大背景下，通过可再生能源循环利用、低碳技术创新、制度革新以及产业结构转型等多种手段，在保证经济增长的同时，控制能源消费总量、提高能源利用效率、减少温室气体排放的低碳转型发展已成为世界各国在推动全球气候治理进程中的共识。

低碳转型是在生产、加工、运输、消费等一系列经济活动中实现低碳化，努力降低温室气体排放，实现低排放甚至零排放。低碳转型的发展，已成为衡量一个国家在国际社会中所处地位的重要标准，也是企业和金融机构未来发展的唯一路径。低碳转型发展是人类保护自身健康安全的必然要求，也是人类生存方式的根本改变。走低碳转型发展之路，才能适应全球能源结构重大变化、增强我国经济抵御国际市场风险能力，才能够最终实现能源格局的调整。我国在低碳转型发展方面采取了多项举措，充分反映出社会各界贯彻落实科学发展观的决心，同时表明了我国政府在应对气候变化方面积极负责的态度。从实践来看，低碳转型发展迫在眉睫，亟须从产业结构调整、发展观念和模式等方面进行改变。

（二）减排要依靠市场机制

面对气候变化的环境挑战，世界各国都在尝试采用各类减排政策工具来控制温室气体排放。政府间气候变化专门委员会（IPCC）认为，强劲的碳价信号与其他政策工具的协调配合将有助于落实减排措施并实现成本效益。借助碳价信号，引导经济个体减排行为的市场化减排机制，分为以碳排放权交易机制为代表的数量型政策工具和以碳税为代表的价格型政策工具。其中，碳排放权交易机制是在设定强制性的碳排放总量控制目标，并允许进行碳排放配额交易的前提下，通过市场机制优化配置碳排放空间资源，为排放实体碳减排提供经济激励。与行政指令以及经济补贴等命令控制型政策相比，碳排放权交易机制可以明确排放主体的减排责任,并且是低成本、可持续的碳减排政策工具。此外,市场化的减排机制在不断发展和创新,主要手段还包括碳贸易机制和碳税。

碳贸易交易机制是一种新型的国际贸易机制。1997年各缔约国签署《京都议定书》确立了三种灵活的减排机制:排放权贸易机制(ET)、联合履约机制(JI)和清洁发展机制(CDM)。

排放权贸易机制是缔约国的发达国家之间将其超额完成的减排指标,以贸易方式而不是项目合作的方式,直接转让给另外一个未能完成减排义务的发达国家。

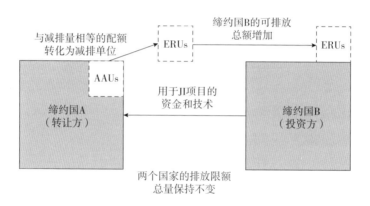

图1.1 排放权贸易机制示意图

资料来源:《京都协议书》、华创证券。

联合履约机制是缔约国的发达国家之间通过项目进行合作,转让方扣除部分可分配的排放量(AAUs),转化为减排单位(ERUs)给予投资方。

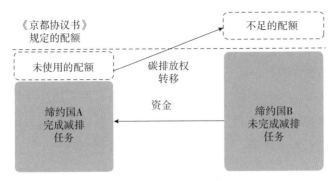

图 1.2 联合履约机制示意图

资料来源：《京都协议书》、华创证券。

清洁发展机制是履约的发达国家提供资金和技术援助，并与发展中国家开展温室气体减排项目合作，来换取投资项目产生的部分或全部"核证减排量"（CERs），作为其履行减排义务的组成部分。

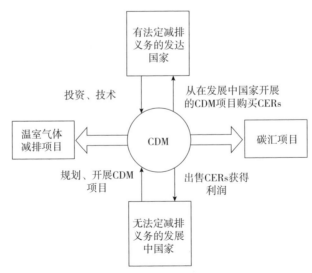

图 1.3 清洁发展机制示意图

资料来源：《京都协议书》、华创证券。

碳税是政府对企业的排碳行为进行征税，通过提高企业的排碳成本，使得企业基于利润最大化原则不得不进行减排，主要手段有提高税率、拓展碳税覆盖范围、废除碳税豁免和征收碳关税。

对比碳税和碳贸易，碳税是从排碳单位一方进行约束，而碳配额即碳排放交易机制是从政府一方直接限制碳排量的供给。

表1.1 碳税与碳排放权交易对比

机制	原理	效果	成本
碳税	价格干预，从排碳单位端进行约束	优点：见效快，排碳成本易于计算 缺点：衡量企业积极性与税率的关系，防止企业将成本转嫁的问题尚未解决	信息成本：确定合理的税率需较长时间收集信息和处理信息 监督成本：防止偷税漏税
碳排放权交易	排碳总量干预，从政府端进行总量约束	优点：成本较低，长期效果明显 缺点：见效慢，配额设置不合理或将引发市场失灵，监管不严会导致舞弊行为出现	体系成本：搭建交易平台和清算结算制度 监督成本：构建市场监督体系

资料来源：华创证券。

实践中应用最广泛的是碳排放权交易机制。这一机制的雏形是美国为控制 SO_2 排放而采用的排放配额交易项目，后来被欧盟率先用于控制温室气体的排放。目前，全球有27个不同级别的司法管辖区（包括1个超国家机构、4个国家、15个省/州和7个城市）已启动碳排放权交易机制，其所覆盖的排放已占全球碳排放总量的8%；另外有6个司法管辖区正计划在未来启动碳交易体系；此外，还有12个不同级别的政府开始考虑建立碳市场，以将其作为应对气候变化政策响应的重要组成部分。美国、欧盟、新西兰等国家和地区所构建的区域型碳市场是目前碳排放权交易机制的典型代表。

表1.2 已实施碳排放权交易机制的主要国家和地区

国家和地区	配额总量（亿吨）	占温室气体排放总量比重（%）	配额发放方式	配额分配方法
欧盟	18.55	40	免费发放+拍卖	产品基准法
新西兰	4	51	免费发放	历史强度法
东京（日本）	1.32	20	免费发放	历史强度法
埼玉县（日本）	0.066	18	免费发放	历史强度法
瑞士	0.050 1	11	免费发放+拍卖	产品基准法
哈萨克斯坦	1.62	50	免费发放	历史强度法 产品基准法
韩国	5.48	70（2016）	免费发放+拍卖	未公布
马萨诸塞州（美国）	0.087 4	20（2015）	免费发放+拍卖	历史排放法
新斯科舍（加拿大）	0.136 8	80	免费发放+拍卖	历史排放法
加利福尼亚州（美国）	3.46	80	免费发放+拍卖	产品基准法
魁北克（加拿大）	0.568 5	80~85	免费发放+拍卖	产品基准法

碳减排方式主要有两大类：一是经济活动电气化，如工业、交通运输、家庭取暖等；二是发电从传统能源转化为可再生能源、核电、化石能源，或配上碳捕捉、碳封存技术。要想实现碳中和，供给侧是核心抓手，主要需要通过碳定价以及技术进步来实现。作为全球碳排放第一大国，我国的目标是截至2030年碳排放强度较2005年下降65%以上，二氧化碳排放力争于2030年前达到峰值，努力争取于2060年前实现碳中和。相较欧盟和美国分别有71年、45年的时间从峰值走向碳中和，我国的碳中和实现进度时间紧、任务重、挑战大。

碳中和的实现是从一个均衡到另一个均衡的过渡，具体均衡模型见图1.4。在没有零碳和负碳等气候友好技术（碳中和技术）进步的情况下，由于排碳成本的存在，企业会在使用化石能源所获取的收益和额外支付的成本之间做出权衡。在总量上，经济最终会收敛到一条新的均衡增长路径，而在此路径上，经济产出往往更低。新旧两个均衡产出之间的差距即为碳减排的社会成本。碳中和技术的引入可以帮助降低碳减排的社会成本，进而提高均衡增长路径。碳中和技术由转型绿色投资驱动，而该投资由企业投资和碳费再利用两部分组成，其力度越大，越有助于降低企业由于碳成本带来的额外开支，进而最小化碳交易对产出带来的负面影响。

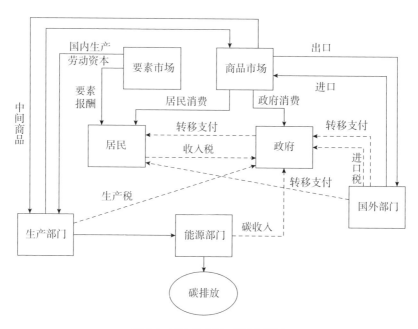

图1.4　碳中和市场一般均衡模型

资料来源：中金公司。

二、绿色溢价

绿色溢价传统上多指涉及绿色、环保等业务的企业所持的债券或者股票市场上形成的溢价。但是随着碳中和的讨论深化，衡量绿色溢价有了不同的解释角度。

（一）平价碳成本

绿色溢价（Green Premium）指在经济活动过程中，零碳排放的能源成本与化石能源成本之差，也是基于当前行业有排技术和零排技术之间的成本差异，在本质上是一种平价碳成本——需要为碳排放付出的额外成本。[*] 绿色溢价在不同行业以及不同技术领域均有不同，并且会随着技术和政策的改变而改变。若绿色溢价为负，则化石能源的成本相对较高，经济主体基于趋利性会向清洁能源转型，在此过程中碳排放降低，反之亦然。在某种程度上来说，碳中和的关键在于想方设法降低"绿色溢价"。

绿色溢价较高的行业包括化石能源、航空、建材、化工等领域，受限于当前的技术条件，需要较长时间才能实现技术突破和成本降低。根据中金公司的一项研究，非乘用车交通运输以及建材行业（玻璃、水泥等）的绿色溢价分别是141%和138%，技术相对成熟的造纸、有色、钢铁、乘用车和电力行业的绿色溢价是3%—17%——在2017年，上述这八个行业的碳排放量，占我国碳排放总量的88%。

绿色溢价的影响因素最主要的是清洁能源技术的发展和碳交易价格。在清洁能源技术方面，如果技术成本价格低，会促进清洁能源的使用，若其价格高于化石能源价格，则会促进化石能源的滥用，这样碳中和目标很难实现。在碳交易市场价格方面，碳价需要反映出气候变化负外部性，即使清洁能源技术没有通过自身的技术革新降低成本，也会由于碳排放权收费增加而变得成本高昂，从而降低绿色溢价。

---

[*] 比尔·盖茨.气候经济与人类未来［M］.陈召强，译.北京：中信出版集团，2021.

（二）绿色溢价与碳价

作为分析和政策操作工具，"碳价"用于衡量碳排放的社会成本，绿色溢价用于衡量私人部分利益驱动的平价碳成本，两者并不相悖。由于人们的生活习惯不同，绿色溢价和碳减排既是不同路径，也是不同方法。因此碳价对经济在短期内有较大影响，但对技术进步影响具有相对不确定性。

碳价是在碳交易市场上形成的交易价格，也是为了激励生产者、消费者和投资者改变碳密集行为和生产方式，以及减少温室气体排放而提供的高效、灵活、低成本的激励机制。相比较而言，绿色溢价是在一个比碳价更高层面上的一种测算结果，可以通过增加公共部门在促进技术进步和创新方面的投入，加快行业和产品的绿色标准制定，建设降低清洁能源使用成本的基础设施等方式来降低绿色溢价。

绿色溢价和碳价并不相悖，存在相互联系。但绿色溢价作为一个分析工具，相较碳价有以下三方面优势：

绿色溢价比碳价格内涵更广泛。碳税和碳交易等狭义的"碳价格"不足以纠正超时空的外部性，需要公共政策更大范围地进行干预，此时，绿色溢价可以提供一个包含碳价在内的综合考量。降低绿色溢价可用碳税和碳交易作为载体，也可以通过其他方式来实现。

绿色溢价衡量现状，碳价格评估长远不确定因素。估算碳价格是由远及近，把碳排放导致的气候变化的长远损害折现为当下的成本。绿色溢价是由近及远，估算当下的成本差异，以此为基础分析未来可能的演变路径。

碳价格是统一的概念，绿色溢价具有鲜明的结构性特征。由于技术条件、商业模式、公共政策等的差异，各行业的绿色溢价不同，甚至有较大差异，对不同行业绿色溢价的估算有助于评估政策措施在不同领域的可行性。依据对新技术、新模式以及规模效应的假设，绿色溢价可以判断在实施路径上的一些关键指标。

三、碳产权与外部性

(一) 气候变化的外部性

气候变化是人类社会共同面临的困境，从政治经济学的角度看，气候变化具有公共物品属性，且是人类活动外部性综合作用的产物。气候环境具有公共物品的属性，一直被过度使用产生了负外部性，即私人生产者与消费者不愿为使用气候环境支付成本，导致私人对气候环境的过度使用直至边际效益为零，且不关心边际社会成本的增加。

外部性的产生是由于私人收益与社会收益、私人成本与社会成本的偏离。气候问题具有时空尺度的外部性，需要全球各国共同应对，同时也是各国在政治、经济、科学、技术等领域的博弈。从个人层面来看，气候变化不仅仅涉及传统政治中的利害关系，同时也是关系每个人生存的根本问题；从国家层面来看，这是责任和担当的体现；从国际社会层面看，是对国际制度与机制的考验，并将决定人类能否超越自我，运用智慧解决关乎人类生存的根本问题。

面对气候变化的负外部性，气候问题具有长期性、艰巨性、广泛性和包容性，解决气候治理这个系统工程需要各国充分的沟通和开放合作。科斯在《社会成本问题》中认为"外部性是产权界定不清的结果"。因此，注重界定有效的产权制度为气候变化问题解决提供了路径。

(二) 碳产权

产权的界定可以有效克服外部性，促进资源的优化配置。碳交易市场将碳排放作为一种产权，为气候变化提供解决路径。中国加快推进生态文明建设，强调健全自然资源资产产权制度，为碳产权的实践界定提供了政策指导。

排放交易制度的核心是环境容量资源的财产权化，以激励企业低成本减排。实践往往值得深思——美国在最早的环境应对中反其道而行之，但没有妨碍政策实现满意的环境效果和活跃的市场交易。以联邦酸雨计划SO_2排污交易为例，法律明确了排放许可的非财产权性质，但政策依然取得了巨大成功。这一交易制度实施25年以来，SO_2排放量从1990年的1 570万吨降至2015年的220万吨，降幅高达86%；2010年政策净效益高达1 200亿美元，2021年将突破2 000亿美元——也正是因为该政策实施初期就取得显著成效，才催生了《京都议定书》的市场机制和欧盟等区域、国家和地方层面的碳交易制度。

《京都议定书》中规定可以进行温室气体的减排方式有如下四种：一是国家之间可以进行排放额度的交易，即利用排放权交易来完成规定的减排任务。二是以"净排放量"计算温室气体排放量，即从本国实际排放量中扣除森林吸收的二氧化碳的数量。三是可以采用绿色开发机制，促使发达国家和发展中国家共同减排温室气体。四是可以采用"集团方式"，即欧盟内部的许多国家之间互平衡，从整体上完成减排任务。在以上四种方式中，以第一种方式最为普遍。

中国企业在参与减排交易方面并不落后。浙江巨化股份有限公司与日本JMD公司合作进行二氧化碳减排项目于2007年2月成功获得CMD执行理事会（EB）签发的CERs，签发量为1 437 117吨；根据协议，CMD公司自2007年起7年内将获得4 000万吨二氧化碳排放权，相应每吨会付给巨化股份6.5美元；我国《清洁发展机制项目运行管理办法》第二十四条规定，该项目收入的

65%上交国家，35%归企业。但巨化股份并不是我国最早开展碳排放权交易的企业，早在2003年实施的中国第一个清洁发展机制项目——35.4MW内蒙古辉腾锡勒风电厂项目是开展碳排放权交易进行国际合作的开始。通过国际合作，有助于我国借鉴世界的先进方法，能够促进我国国内排放权交易市场的形成，推动我国排污交易制度建设，为更广泛意义上的经济手段解决环境问题提供实践经验。

碳排放具有产权的显著特征。著名经济学家阿尔钦把产权定义为"一种通过社会强制而实现的对其经济物品的多种用途进行选择的权利"。他不仅把产权作为一种权利，同时也强调把产权作为一种制度规则，是形成并确认人们对资产权利的一种方式，是一系列旨在保障人们对资产的排他性权威，进而维持资产有效运行的社会制度。科斯则在其现代产权理论中把产权定义为财产所有者的行为权利。"科斯定理"改变了通行的观察问题视角，建立了分析产权和政府干预的新参照系。

当前讨论的碳排放权和交易，本质上是发生在人类保护环境过程中产生的国与国之间、国家与企业之间以及企业之间，为顺利完成对温室气体的减排任务而形成排放配额的交易行为。它不仅包括排放行为主体可以排放的额度，同时也规定超额排放的行为将受到相应的制裁。作为一种产权，碳排放权不仅是一种服务于环境改善目标的人造工具，也是一种制度安排。在国际社会对环境问题达成普遍共识的《京都议定书》的框架下，碳排放权交易可以协调和规范世界范围内各缔约成员国之间的利益分配，同时在执行条约的过程中还应具有其强制性的一面。通过对碳排放和交易过程分析，发现碳排放权具有如下的特征（见表1.3）。

表1.3 碳排放权特性

特性	具体描述
稀缺性	随着人口增加和经济增长，污染排放的积累达到环境容量的许可上限，其对外部环境的危害也相应地表现出来。而环境容量的稀缺性也相应地提高，因此，人类限制温室气体排放，在一定环境容量许可的范围内认可碳排放权的交易。随着环境的持续恶化，碳排放权的稀缺性也会随着环境容量使用的日益稀缺而增强
强制性	《清洁发展机制项目运行管理办法》第二十四条规定，鉴于温室气体减排量资源归中国政府所有，而由具体清洁发展机制项目产生的温室气体减排量归开发企业所有，因此，清洁发展机制项目因转让温室气体减排量所获得的收益归中国政府和实施项目的企业所有。在这种强制性的背后表现了国家产权界定的决心和产权实施过程的法律准备
排他性	碳排放权的排他性与其他所有权的排他性是一致的。而这种排他的对象也是多元化的，除了某个主体外其他一切个人和团体都在被排斥对象之列，而这种排他性的实质就是碳排放权的主体行为人的对外排斥性和对特定减排额度的垄断性
可交易性	碳排放权作为当前碳市场中的交易客体具有明显的可交易性。作为一种独立的产权，碳排放权是权利行为主体在可交易市场环境下对其减排额度的交易，即发生所有权的改变。这种可交易性为现实进行交易提供了可能。既然是可交易的，就必定存在价格上的波动，作为商品的表象特征，价格的起伏也必将贯穿碳贸易的始终。而这种可交易性也为不同行为主体间的交易提供了保障，从而保障了所有权属高度的自由性
可分割性	碳排放权作为减排配额的权利体现，相对于其他可交易的权属也存在数量的可分割性，作为一个减排项目来说，可以同时行使全部减排额度，也可以将减排的额度分别转让给不同的企业

确定了碳排放的产权，才能建立市场交易机制，以市场化的手段配置环境容量资源的使用。通过建立碳排放权的交易机制，碳排放的边际成本较低的企业，可以通过自身的技术优势或成本优势转让或储存剩余的排污权，碳排放的边际成本较高的企业则通过购买的方式来获得环境容量资源的使用权。因此，购买行为本身不仅包含实际减排额度的兑让，同时也包含减排技术的交易。通过碳排放权的交易，污

染治理的最终任务必将落在减排成本最低的企业或专业化的减排处理企业上。

（三）碳配额与碳信用

碳配额控制着总量目标，在各个经济部门即行业、企业之间进行分担。碳信用是温室气体减排项目按照有关技术标准和认定程序，确认具有减排量化效果后，由政府部门、国际组织或其授权机构核证签发的碳减排指标。相比之下，碳信用核证是基于自愿原则，而其他碳定价机制是义务性的。

碳排放配额与碳信用核证，都具有无形资产的特征。碳排放交易机制中都设置了统一的登记簿，用于记录碳排放配额和信用的创设、分配、转让和注销等行为。碳排放配额和信用具有唯一数字编码用于识别，只存在于特定的登记系统中，具有无形性。此外，碳排放配额和信用核证都可被占有和使用，具有资产的典型特征。通过登记系统，将其记录于特定主体名下可以公示其占有行为。碳排放配额和信用除了可转让以外，主要的使用价值在于其可被用于履行上缴配额和信用义务；每个履约期满后，纳入的实体必须根据核证的实际排放量上缴等量的配额或信用。碳排放配额和信用在碳排放交易市场上可以依法交易，具有价值属性。

无论以排放配额还是以信用核证方式进行交易，只有加强和完善相关立法工作，明确产权和交易制度，才能为市场化的资源配置提供保障和手段补充。环境容量资源有偿使用的原则下，以行政手段和市场手段相结合的新型资源配置是时代的必然选择。在市场选择的基础上，政府规范各企业的排放行为，在许可证制度和总量控制的基础上建立的碳排放权交易机制符合我国经济发展的要求。但在政府主导排放权的初始分配过程中，要注意公平合理地在现有碳排放企业之间配置环境容量资源，确定减排指标；公平合理地通过碳排放权交易机制的市场调节，进行环境容量资源的初次分配。同时，在碳排放权交易的过程中，国家还应制定一套科学的环境监测标准和监管路径，由专业机构制定和实施一套碳排放权交易的具体规则。

四、便利收益

便利收益是对存货持有者在不确定世界里，从存货中所得到的利益的度量，也是与商品生产、贮存、运输以及加工相关的硬性成本。在期货合约有效期间内，商品短缺的可能收益越大，则便利收益越高；如果库存较多，商品稀缺性变小，则便利收益降低。碳产权确定后，便利收益在碳排放领域也存在。

（一）便利收益与风险溢价

碳排放交易市场现货价格每天都在更新变化，那么碳排放权的现货持有者就需要承担一定的价格风险。在承担风险的同时，持有碳排放权现货可以产生便利收益，它有效说明了便利收益是现货持有者承担价格波动风险所获得的风险溢价。Truck 等运用成本模型对欧盟碳排放市场中碳排放的期货价格与现货价格的相关性进行了分析，发现现货价格与期货价格之间有一定程度的价格差异，且碳排放现货持有者可获得额外的便利收益。

由于碳排放交易市场中现货价格和期货价格呈现动态变化的趋势，便利收益是反映碳排放现货价格与期货价格的差异。便利收益是一种看涨期权，欧盟市场参与者可以采取灵活变换碳排放现货与期货的交易策略，实现套利收益，有效规避碳排放交易风险。

（二）碳便利收益的期权特性

本质上，便利收益是碳排放现货持有者获得的一种隐含的投资收益，因此，市场参与者准确地估计碳排放便利收益，研究碳排放便利收益的行为特征，对于预测碳期货价格以及实现套利收益具有重要现实意义。

在碳交易机制下，碳排放权是一种特殊的商品，跟普通商品具有不同属性。由于持有碳排放权不需要储存成本，那么便利收益只是碳排放现货价格按特定利率支付的预期价格与期货合约价格的差异。在某个时期内，若碳排放现货预期价格大于期货价格，便利收益为正值，市场参与者持有碳排放现货可以获得额外的便利收益，此时便利收益可以认为是一种看涨期权，碳排放现货持有者可以产生期权价值；若碳排放现货预期价格低于期货价格时，便利收益为负值，市场参与者可以采取反向操作策略，持有碳排放期货合约，做空碳排放现货，持有碳排放期货合约可以获得一个看涨期权。

市场参与者根据便利收益的变化规律灵活调整碳排放现货与期货的交易策略，可以有效规避价格波动的交易风险和实现套利收益。

五、风险管理

风险管理在金融产品和衍生品交易中非常重要，衍生品的价格与现货价格息息相关，通常被用来降低或规避持有现货的风险。在"双碳"背景下，金融市场不仅要规避气候变化导致的非系统性风险，同时也要规避碳市场和转型金融市场上基础、运行和滥用等风险。

第一章 碳中和金融分析

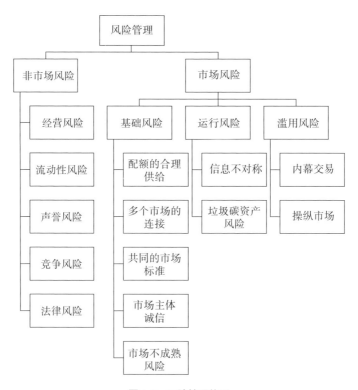

图 1.5 风险管理体系

（一）非市场风险

气候变化的非市场风险更多发生在以工业生产为主的实体企业，如能源企业，航空、航海运输业等。工业部门是目前消耗能源最多、碳排放量最大的企业，因此，在各国节能减排机制的设置中，也是首先受到管制的行业。我国工业部门能耗占能源消耗总量的70%—80%，钢铁、有色金属、建材、石化、化工和电力六大高耗能行业的能源消耗量不断上升。气候变化可能带来的非市场风险包括：经营风险、流动性风险、声誉风险、竞争风险和法律风险。

经营风险是公司管理人员在经营过程中没有充分考虑到气候变化可能带来的影响，导致决策失误，进而影响公司的盈利水平，且投资

019

者预期收益下降。从企业自身生产来看,气候会导致一些生产部门的生产条件发生变化,例如农产品价格上升使加工行业的成本增加,企业应该在充分估计价格变化的情况下调整成本策略,或采取预防性措施,否则会面临成本上升、收益下降的风险。从外部监管来看,在某些监管制度下,气候变化会使监管部门对高能耗企业加强监管,例如我国的"绿色证券"制度,对高能耗企业申请上市提出了限制,对企业经营决策造成了一定影响。

流动性风险是指气候变化可能导致企业经营管理条件发生改变,从而导致经营状况恶化,造成流动性风险。例如在强制减排体制下,部分企业面临着较为繁重的减排要求,不得不进行减排技术革新或将产品线更新;部分被纳入碳排放交易体系下的控排企业则需要购买配额以履约,这很大程度上占用了企业现金流,导致公司流动性资金不足,从而引发流动性风险。或是由于气候变化导致某些特定产品的投资者在卖出所投资的物品时,面临变现困难或不能在适当或期望的价格上变现的风险。

声誉风险是指由于企业不注重节能减排、可持续发展,导致社会评价降低而对行为主体造成危险和损失的风险。随着社会对气候变化的关注度不断提升,市场和消费者对企业承担减排责任的要求也不断增强,一些被认为在低碳管理上有疏忽的企业,将在气候变化敏感的市场丧失品牌价值和企业竞争力。例如在汽车行业中,品牌忠诚度与低耗能有着密切关系,使得企业不得不注重气候变化所带来的声誉风险。

竞争风险是指面对气候变化带来的新的商业机会,企业面临着节能减排的竞争压力与风险。在总量与配额交易市场中,被强制纳入排放权交易体系拥有先进减排技术的企业可以通过新技术自行减排,降低减排成本,并可将多余的减排配额出售获取额外利润,技术水平落后的企业需要购买减排配额,甚至面临减产的要求,导致企业竞争力下降,行业格局发生改变。

法律风险是指受气候变化政策影响的公司所面临的法律诉讼风险。一些公司可能因未能履行节能减排义务,或是已经对气候造成恶劣的影响,将面临法律诉讼或监管部门的处罚。

(二)市场基础、运行和滥用风险

碳市场可能面临的风险主要包括:市场基础风险、市场运行风险和市场滥用风险三个方面。

1. 基础风险

配额的合理供给。以欧盟为例,EUETS 第一阶段配额的超额供给导致配额价值一度趋近于零,使得其市场有效性及可持续性遭到质疑。实践证明,配额过度分配或是分配不足都会导致市场失灵。此外部分金融市场参与者担心,如果未来衍生品的数量迅速增长,以至于金融合约数量超过了发放的配额数量的总和,也会对碳金融衍生品市场产生不利影响。

多个市场的连接。全球碳市场自下而上分散发展,不可避免地要面临各市场之间缺乏联系的问题,这也被认为是限制全球碳交易进一步发展的主要障碍。未来,整个碳市场的流动性会随着在市场间建立有效连接,以及在各地区、各政府间实现更广泛的注册连接而得到提高,若市场未能较好地连接,将会影响整体市场的有序运行。

共同的市场标准。分散交易体系面临的一个重要问题就是如何围绕共同的标准发展,以增加整个碳市场的流动性、透明度和市场发展的深度。以我国为例,哪些类型的项目适用于注册 CDM 或我国的温室气体自愿交易标准;哪些减排信用能够被不同的体系、市场接受;

哪类会计标准适合拓展以融入碳交易的企业会计体系，多个市场或多个试点之间何时可以在会计标准上对接或统一等问题都是市场标准的重要方面。

市场主体诚信。碳市场设计的初衷是应对气候变化，高效地实现经济体的节能减排目标。因此，对于市场的主要参与者、主要需要履行减排目标的企业、投资者以及金融工具的设计者而言，碳市场发展与节能减排总体目标之间的关联度尤为重要。任何来自碳市场的微观市场行为，以及宏观发展上与节能减排的总体目标背道而驰的评价，都有可能给市场长期和有序的发展带来不利影响。

成熟度风险。碳市场发展时间较短，缺乏有规律性的数据积累和成熟的避险工具，给参与企业的风险管理带来了更多的不确定性。同时，对于一个年轻的市场，无论是市场设计者还是操作者的经验积累都非常有限，受管制的公司和投资、咨询机构也缺乏相应的人才储备和能力准备。这些因素都可能导致市场操作失误或出现事故的概率较高，从而损害投资者的利益。

2. 运行风险

信息不对称。信息公开透明是市场建立的基石。市场有序发展在很大程度上取决于市场参与者以及公众是否能够及时、准确地获得有关交易规模、质量、价格等方面的信息。第三方对市场信息质量及市场运行情况进行评估对于提升市场透明度、避免市场信息混乱也十分关键。

垃圾碳资产风险。目前，全球碳交易包括配额交易和信用两种。项目交易包括一级、二级 CDM 交易和 JI 交易。在不同机制形成不同产品的同时，又形成了在交易所等平台上完成的场内交易和场外交易，并且衍生出远期、互换、期货、期权等产品，呈现出碳金融证券化，发展成为套利交易产品的趋势。将来碳金融产品可能会发展得更多且更复杂，或许会有不同来源和类型的碳资产捆绑在一起。随着交易变得更加复杂，产品也会变得更加不透明。如何衡量这些金融产品的质量将成为方法和评估技术上的难题，这种技术上的不确定性将使碳金融衍生品交易变得更加不透明，更易于隐藏和传递风险。

3. 滥用风险

在碳金融市场上的严重犯罪行为主要有：欺诈、洗钱、为恐怖活动筹资等。例如增值税欺诈事件，或以碳市场为目标的网络犯罪行为，利用网络钓鱼或者黑客攻击登记系统来盗取账户中的配额或减排信用。这类行为会严重损害市场的信誉，打击市场参与者的信心，导致市场无序无效运行。

此外，操纵市场和内幕交易等问题也是市场滥用的风险表现。内幕交易是通过利用资金、信息获取等优势滥用，影响市场价格，扰乱市场秩序。具体包括，内幕人员或以不正当手段获取内幕信息的其他人员，违犯法律法规规定，泄露内幕信息，以此来进行买卖或者向他人提供买卖建议。操纵市场和内幕交易等行为会极大地扭曲市场的正常价格，违背金融市场公平的原则。

第二章

绿色消费与碳足迹

改变消费主义的商品观念，够用就好，而不必更多。作为市场的源头，消费者不知道自己需要什么，你生产什么，他就买什么。但消费者逐渐成为一种驱动市场变革的力量。如果消费者选择绿色，企业便不得不向绿色转型。问题是消费者相对企业是个弱势群体，还需要创新的政策工具的帮助。

——J. G. 斯佩思（James Gustave Speth） 耶鲁大学教授

绿色消费是从文明生态需要出发，将节约资源和保护生态环境作为基本内涵，并以人类健康为最低标准的各种消费行为和消费方式，主要表现为崇尚勤俭节约，降低消费过程中的资源消耗和污染排放。越是发达的国家，越是把崇尚自然和保护生态作为出发点，奉行适度节制原则，避免或减少对环境进行破坏的新型消费行为越普遍。

全球70%以上的温室气体排放与人类消费正相关。消费是碳排放的终端，实现双碳目标离不开亿万消费者的共同努力。无论是政府、企业还是个人，都需要转变消费模式，践行绿色消费理念，不断推动消费方式绿色化，与碳减排携手同行。

一、碳足迹与碳信息披露

考虑到自身经济效益及长远发展利益，各国政府纷纷制定了减排目标并出台了相关政策以减少碳排放，对产品或服务在全生命周期各阶段产生的温室气体进行量化标识，引导个体消费者进行绿色消费、企业实现碳减排目的。

（一）碳标签

碳标签（Carbon Labelling）也称为碳足迹标签，是为减少温室气体排放，推广低碳排放技术，把商品在生产过程中所产生的温室气体排放量在产品标签上用量化指数标示出来，以标签的形式告知消费者产品包含的碳信息。

碳标签从 21 世纪开始得到世界范围内的关注，英国是最早将碳标签从理论推向实践的国家。2007 年，英国设立专门的机构——碳信托（Carbon Trust），并发布全球首个碳标签，对部分产品如食品、洗衣液等，标识了其在全生命周期中释放出的温室气体总量，产品认证的时效性为两年。此后，其他国家如韩国、日本、德国也相继开始碳标签的推广活动。迄今为止，全球已有十多个国家通过制定相关法律法规要求企业使用碳标签。很多大型企业如家乐福、IBM、宜家等均要求其供应商为产品进行碳标签认证。

从企业角度来看，碳标签不仅可以展示企业的环保责任和意识，同时也便于其在保持收益增长和实现碳减排之间寻求平衡，督促其从源头上节能减排、节约成本；对消费者来说，碳标签有助于消费者更准确了解产品或服务在全生命周期中的碳排放情况，从而引导其选择低排放产品或服务，并提升社会整体的绿色消费意识和普及度。

为积极应对气候变化，推动我国可持续发展战略及践行人类命运共同体理念，多年来我国政府始终遵循绿色发展的原则，一直在着力推进碳标签体系的建立和碳标签产品的推广，党的十九大报告中更是明确强调要建立健全绿色生产和绿色消费的相关法律法规和制度，引导全民形成绿色低碳的生活习惯和意识。

2009 年，由中国标准化研究院和英国标准协会（BIS）共同主办的 PAS2050 中文版发布会为我国碳标签试点工作的开展奠定了基础。2018 年，我国出台《中国电器电子产品碳标签评价规范》并发布相关标准，确定将在电器电子行业率先开展试点计划，由独立于利益相关者的社会第三方机构实施并受政府监督管控，力求为企业和消费者提供准确、公正的评估结果，鼓励消费者根据其所标示的温室气体排放量尽可能选择购买低碳产品。2018 年 11 月，由中国电子节能技术协会（CEESTA）、中国质量认证中心（CQC）及国家低碳认证技术委员会联合举办了"电器电子产品碳标签国际会议"，同期发布《中国电器电子产品碳标签评价规范通则》团体标准，确定中国首例电器电子行业"碳足迹标签"试点计划工作，将"碳足迹标签"主要定义为两类，即第1碳足迹和第2碳足迹。具体内容如下表。

表2.1 碳足迹类型及内容

碳足迹类型	具体内容
第1碳足迹	生产生活中直接使用化石能源，如乘坐飞机、发电等所排放的二氧化碳的量
第2碳足迹	消费者使用各类商品时因制造、运输等过程间接产生的、隐藏在商品中的二氧化碳的消耗量

碳足迹标签由独立于制造商、销售商和消费者的社会第三方机构执行，受政府监督管理，为企业和消费者提供客观、公正的评价结果。随着《LED道路照明产品碳标签》团体标准的正式发布，确定中国大陆电器电子行业先行开启"碳足迹标签"试点计划工作。2021年1月，首个"企业碳标签"项目在山东省邹平市启动，山东创新集团将在产品标签上标示生产中的温室气体排放量等信息。中国低碳经济发展促进会秘书长李鹏发言称，碳标签本身是国际通行的一种标签、一种标识。这次打造中国第一张"企业碳标签"，有利于推动实体经济向绿色、低碳发展。

（二）消费源头减排

与其他节能减排措施相比，碳标签有其独特性。它通过对产品或服务在全生命周期中各阶段释放的温室气体进行量化标识，可在一定程度上影响消费者的决策行为，进而间接影响企业生产行为，从而达到从源头上实现节能减排的目的。

在碳标签实施初期，碳标签认证和制作等环节都将大幅增加产品的生产成本，导致在未能明晰市场需求的状况下，企业采用碳标签的主动性会被大大削弱。因此，消费者作为碳标签产品市场的直接驱动力，只有在有效引导其进行碳标签产品消费后，企业才会因此产生主动采用碳标签的积极性，可见以消费者作为重点研究对象，研究其对碳标签产品的购买意愿对于推广碳标签产品及推行碳标签制度都具有重要价值。

企业的营销努力尤其是绿色标签及认证，是促进绿色消费的关键因素。大部分绿色标签通过提供产品成分、生产方法、生产过程的能效和产品潜在的使用期限，来影响消费者的选择。有研究发现，在某些情况下绿色标签可能刺激额外的消费；也有一些研究否定了绿色标签对促进绿色消费的正向作用；还有一些研究发现，对环境关注较低的消费者来说无论包装上是否有环保印章，品牌熟悉度都对购买意向有正向影响。

在中国市场环境下，碳标签产品的推广还不能忽略社会因素对于个体消费行为的影响。相较于西方文化主张个人自我的价值观，中国文化作为东方集体主义文化的鲜明代表，更加注重社会自我，更易受到社会关系网络的影响，受传统文化因素的影响。中国消费者的社会人际交往都较为紧密，其购买决策过程具有社会化和交互化的特点。因此，参照群体作为与消费者交往最为密切的群体，是消费者最重视的社会关系，注重碳标签在群体消费中的宣传，将具有关键性作用。

（三）碳信息披露

碳信息披露项目（CDP）是成立于2000年的非政府组织，主要致力于为大型企业提供一个信息渠道,使之通过参与精心设计的问卷调查,衡量和披露自身温室气体排放及有关气候变化的战略目标。CDP试图形成公司应对气候变化、碳交易和碳风险方面的信息披露标准,以弥补没有碳排放权交易会计准则规范的缺陷。获邀企业既可以选择回答问卷内容并允许答案公开,也可以选择拒绝,即不参与调查。由于没有准则强制约束,CDP披露的范围广泛且形式灵活。

CDP是国际性组织,不以营利为目的,设计初衷是帮助企业评估和管理其环境风险,并最终提升其自然资本管理领导力建设,帮助企业和城区获取重要的环境信息。由于CDP具有测量、披露、管理和分享重要环境信息系统,它已建立起一个独特的全球化体系,涉及的自然资本从气候变化开始,逐渐发展到涵盖水资源和森林风险,加强了商业活动对地球自然资本影响的透明度和责任。

CDP试图借助市场力量促使企业去披露它们给自然环境和资源造成的影响,然后让企业采取措施减少对环境的不良影响。目前CDP已经建立了关于气候变化、水和森林风险的信息数据库,这也是全球范围内最大的数据库。企业可以通过数据库来选择战略性的商业投资和制定相关政策。

2014年,来自世界各地的4 540家企业已经向CDP披露了气候变化数据;同年,CDP对富时中国A600指数与FTAW06指数的投资权重分析后,综合列出中国100家市场价值最大的公司,并给这些公司发送问卷。100家中国企业受邀,45家通过在线问卷系统形式填写问卷,涵盖全球分类行业内的十个行业,其中十家是世界500强企业。2015世界500强企业中有五分之四支持CDP问卷,共有超过5 000家企业在CDP中公布了碳排放信息。

表 2.2 碳信息披露项目（CDP）主要内容

碳信息披露项目（CDP）	低碳战略	碳风险管理
		低碳发展机遇
		碳管理战略
		碳减排目标
	温室气体排放核算	碳核算方法
		碳排放的直接核算
		碳排放的间接核算
	碳减排的公司治理	责任
		个人绩效
		沟通
	全球气候治理	气候变化的责任分担
		总体和个体的减排成效
		国际气候治理机制

通过参与 CDP，部分中国企业意识到气候变化对企业运营构成风险的同时更蕴藏着机会。它们已经开始收集数据摸家底，进行战略再思考再设计，并以积极主动披露的方式在国际舞台上讲故事、秀成就，展示领导力。部分企业的 CDP 问卷回答得更准确、更全面、更系统，不仅问卷回复质量大幅提高，还通过与公众和投资者的沟通了解环境信息，这表明企业对环境信息披露越来越重视。此外，回复了问卷的部分企业对 CDP 的培训也十分感兴趣，在回复问卷时也表达了自己的看法。它们会主动在网上浏览相关材料，通过与 CDP 中国办公室有效沟通，提出聘请咨询方来优化内控流程、改善问卷结构和质量。

二、绿色消费引导绿色供给

绿色消费能够从需求侧引导绿色生产和供给，这就需要自上而下进行顶层设计，同时消费者自下而上落实到位。推广绿色消费需要政府、企业、个人和公益组织的通力合作。

（一）绿色战略顶层设计

人们日益增长的消费需求是经济社会发展的主要动力。推进生态文明建设，需要研究绿色消费战略，为不断扩大的绿色消费需求，推进绿色发展、循环发展、低碳发展，形成节约资源和保护环境的空间格局、产业结构、生产方式、生活方式，需要自上而下地进行绿色消费战略顶层设计和实施。绿色消费战略，需要实现生产与消费、需求与供给、政府示范与居民参与决策与行动协调。

在绿色生产与绿色消费方面，以推进绿色发展为契机，发展壮大绿色产业与环保产业，创造新的绿色消费需求；不断扩大绿色消费领域，促进绿色产业和环保产业的可持续发展。

在绿色消费需求与绿色产品供给方面，引导居民树立绿色消费价值观，逐步消除消费异化，提高绿色消费比重；增加绿色产品的供给能力，加强市场监管力度，有效满足绿色消费需求。

在政府绿色消费示范与居民绿色消费行为方面，以节约型政府机关建设为抓手，以遏制奢侈浪费为突破口，强化政府绿色消费的示范作用，有力引导居民绿色消费行为。

在绿色消费决策与绿色消费行动方面，以广泛深入的绿色消费调查为基础和依据，制定和完善绿色消费法律、政策体系，建立健全高效的绿色消费管理组织机构，提高绿色消费决策的执行力。

在实现各方面协调的同时要构建科学合理的机制，引导居民绿色消费、政府机关绿色办公、企业绿色经营等。

构建引导居民绿色消费的机制。引导居民树立绿色消费价值观，增强绿色消费社会责任感，明确气候变化的危害和国家"双碳"目标重要战略部署，自觉进行绿色消费活动。大范围普及全民绿色消费教育，建立面向家庭、社区以及学校的绿色消费全民教育体系。开展全方位的绿色消费宣传，通过电视媒体、社交网络等各种融媒体、新媒体，广泛开展节能环保宣传工作。完善绿色消费公众参与机制，明确消费者的环保责任和义务，并通过召开听证会、开通热线电话等形式，拓宽公众参与渠道。

构建政府对绿色消费发展的宏观调控机制。加强绿色消费发展的顶层设计，完善绿色消费发展的政策体系，加强对绿色消费的宏观调控。制定绿色消费发展中长期规划。把握居民绿色消费发展趋势，提出阶段性目标和具体领域目标，设计绿色消费发展思路。制定绿色消费全民公约，使之成为居民消费道德准则。制定节能减排推进政策，定期公布主要污染物减排情况和重点监控企业污染物排放情况，推广节能省地环保型建筑等。制定产业结构调整政策，加快发展新能源和节能环保产业。制定财税支持政策，鼓励消费者使用节能环保产品，增强政府绿色产品采购的引导示范效应。实施绿色考核机制，加快推行"绿色GDP"，建立环保投资市场化运营机制。

构建企业绿色生产经营的市场引导与监管机制。制定合理的绿色产品价格规则，促进绿色消费，使企业绿色生产有利可图。对高消耗、高排放的生产和消费课以重税，用以补偿绿色生产和消费以及环境治理费用。建立低碳产品认证制度，使低碳品牌深入人心。推行"碳足迹"标示制度，借鉴国际经验，从食品、饮料和洗涤剂等日常消费品入手，标示原料调配、制造、流通（销售）、使用、废弃（回收）等阶段的碳排放量，计算碳排放总量，告知广大消费者。强化绿色产品市场监管，完善市场准入制度，提高高消耗和高排放产品准入门槛；加强能效标识和节能产品认证等工作，制定实施环境保护法律规范、标准和政策制度等，并有效制止违法违规行为。

（二）执行新型消费计划

新型消费不仅指消费者的消费行为，还包括满足新型消费的基础设施建设、服务保障能力的提升，以及要素资源的配套。新型消费的发展不仅能够满足多样化、个性化的消费需求，通过拉动最终消费带动经济增长，而且能够通过网络数字技术更好地发挥市场配置资源的作用，从而实现供需匹配，消费与投资良性互动，释放内需潜力。

为促进新型消费发展，需要从需求端和供给端两端入手。从需求端来看，急需提升居民消费能力，完善社会保障体系，引导居民形成合理的消费预期，切实增强消费对经济发展的基础性作用。从供给端来看，一方面需要鼓励市场主体加快创新，培育重点领域消费细分市场，消除新型消费发展面临的制约因素，增强经济的恢复性增长动力，更好地释放内需效用；另一方面，需要完善适应新型消费发展的政策和治理机制，深化和完善包容审慎监管规则，健全消费者权益保护、产品追溯、算法审查等机制，营造安心、放心、诚信的消费环境。

推动消费可持续发展。人类为了满足自身物质需要而全方位地大规模改造自然，使得自然资源消耗过度，污染问题严重，生态平衡遭到破坏，也出现了奢侈浪费等过度消费问题，造成消费与环境、社会发展的不和谐。因此，未来消费发展应更加注重消费与自然的协调，在消费过程中注重生态环境、资源保护和社会精神文明建设，树立文明、健康、科学的消费方式，实现消费的绿色化和可持续发展。

科技革命促进新型绿色消费手段多元化。在新一轮科技革命和产业变革的大背景下，我国以网络购物、移动支付、线上线下融合等新业态新模式为特征的新型消费快速发展，对满足居民生活需要、释放国内消费潜力、促进经济平稳健康发展起到了重要作用。一是零售向智慧化、平台化、服务化转型。二是电商新模式加速迭代。电商平台、垂直电商、社交电商、直播电商等模式层出不穷，推动了线上消费场景重构，丰富了线上消费体验。三是服务拓展线上方式数字内容。餐饮外卖、个性化定制、线上医疗、线上办公、线上教育等服务迅速扩容，助推线上文娱服务消费爆发式增长。未来，以新技术赋能绿色、新绿色模式迭出、新业态驱动、新场景体验为特征的新型绿色消费将进一步深入发展。

（三）增加创新绿色供给

更好地发挥绿色消费引领作用，进一步畅通经济循环，关键在于把绿色消费升级与产业转型升级相结合，把供给与需求相结合，促使并形成强大的国内市场。一是要丰富有效绿色供给，实现差异化、品质化、品牌化商品和服务供给，满足多样化消费需求。二是要完善现代绿色流通体系，推动绿色商流、物流、信息流、资金流畅通，实现供需双方精准匹配和动态平衡。三是要鼓励绿色生产创新，强化数字赋能，引导市场主体增强创新实力，深耕细分消费市场。

供给侧在环境方面的技术研发和经济政策对我国绿色发展至关重要，但如果需求侧消费者的消费模式没有发生显著的变化，供给侧的努力必然会被需求侧的不可持续消费所抵消，无法从根本上实现双碳目标。因此，形成绿色发展方式和生活方式不仅要靠供给侧持续发力，同时也要靠需求侧持续拉动。推动需求侧消费绿色产品，实行能源消费的总量控制，才能避免绿色消费的反弹效应。

根据消费者的需求变化，企业可以在产品创新、减少家具木材消耗、环保减排、回收利用、共享经济等方面有效提升绿色消费的规模效益并降低成本。从生产全过程注重污染物的排放，重视原料的环保性，推进各生产部门持续改进生产工艺，力求提高工艺上的环保性，逐步增加对清洁能源的使用，更新老化设备，在污染物末端处理上，严格遵守政府标准，确保达标合格排放。企业还要参与包装回收利用，通过优化包装、快递包装再利用、减少包装过度等方面进行包装环节的碳减排。

积极实施创新驱动，研发绿色产品。引导和支持企业加大对绿色产品研发、设计和制造工序的投入，增加绿色产品和服务的有效供给，不断提高产品和服务的资源环境效益。做好绿色技术储备工作，加快先进技术成果转化的应用。大力推广利用"互联网+"促进绿色消费，鼓励利用网络销售绿色产品，推动开展二手产品在线交易，满足不同主体多样化的绿色消费需求。此外，鼓励电子商务企业积极开展网购商品包装物减量化和循环再利用。

强化企业节能减排的社会责任。推动生产企业减少有毒、有害、难降解、难处理、挥发性强的物质的使用，主动披露产品和服务的能效、水效、环境绩效、碳排放等信息，推动实施企业产品标准自我声明公开和监督制度。推动企业能源管理体系建设。鼓励企业推行绿色产业链和供应链建设，开展清洁生产审核流程，降低产品全生命周期的环境影响。此外，商场、超市及集贸市场等商品零售场所要严格执行"限塑令"，减少包装物的消耗，鼓励使用生物基材料的环保包装制品。

三、绿色行为与个人激励

今天人们都期待能与自然和谐共存，在满足自身需求的同时，尽可能保护自然环境。推动形成绿色生活方式，对于打赢污染防治攻坚战、建设美丽中国，具有重要且深远的意义。

（一）观念机制更新

2016年2月，国家发展和改革委员会、中宣部、科技部等十部门联合出台了《关于促进绿色消费的指导意见》，从国家层面对培育绿色消费观念进行部署，引导居民践行绿色生活方式和消费方式，推进公共机构带头绿色消费、促进企业增加绿色产品和服务供给。《关于促进绿色消费的指导意见》是落实绿色发展理念，促进绿色消费，加快生态文明建设，推动经济社会绿色发展而制定的法规。

1. 培育绿色消费理念

深入开展全民教育。将勤俭节约、绿色低碳以及节能环保的理念融入家庭教育和学校教育中，并广泛组织开展社会实践。把绿色消费作为学生思想政治教育、职工继续教育和公务员培训的重要内容，纳入文明城市、文明村镇、文明单位、文明家庭、文明校园创建及有关教育示范基地建设要求。

广泛推进绿色消费宣传。深入实施节能减排全民行动，组织开展绿色家庭、绿色商场、绿色景区、绿色饭店、绿色食堂、节约型机关、节约型校园、节约型医院等创建活动。大力开展绿色产品公益宣传，加强绿色产品标准、认证等相关政策解读。

2. 引导居民践行绿色生活和消费模式

倡导绿色生活方式，如通过合理控制室内空调温度，完善居民社区再生资源回收体系等方式。推广绿色建筑、低能耗建筑、被动式建筑，减少无效照明，减少电器设备待机能耗，提倡家庭节约用水用电。鼓励步行、自行车和公共交通等低碳出行。鼓励消费者旅行自带洗漱用品，提倡使用环保购物袋，减少使用一次性日用品。鼓励个人闲置资源有效利用。

鼓励绿色产品消费。继续推广高效节能电机、节能环保汽车、高效照明产品等节能产品。加大新能源汽车推广力度，加快电动汽车充电基础设施建设。实施绿色建材生产和应用行动计划，推广使用节能门窗、建筑垃圾再生产品等绿色建材和环保装修材料。推广有环境标志产品，鼓励使用低挥发性有机物含量的涂料和干洗剂，引导使用低氨和低挥发性有机污染物排放的农药及化肥。鼓励选购节水龙头、节水马桶、节水洗衣机等节水产品。

扩大绿色消费市场。加快畅通绿色产品流通渠道，鼓励建立绿色批发市场、绿色商场、节能超市等绿色流通主体。支持市场、商场、超市、旅游商品专卖店等流通企业在显著位置开设绿色产品销售专区。鼓励大中城市利用群众性休闲场所、公益场地开设跳蚤市场，方便居民交换闲置旧物。完善农村消费基础设施和销售网络，通过电商平台提供面向农村地区的绿色产品，丰富产品服务种类，拓展绿色产品农村消费市场。

3. 公共机构带头实行绿色消费

如推进信息化建设和数据共用共享，积极推行无纸化办公。完善节约型公共机构评价标准，合理制定用能指标，建立健全定额管理制度。使用政府资金建设的公共建筑全面执行绿色建筑标准。严格执行政府对节能环保产品的优先采购和强制采购制度，扩大政府绿色采购范围，健全标准体系和执行机制，提高政府绿色采购规模。同时，具备条件的公共机构要利用内部停车场资源规划建设电动汽车专用停车位。

4. 深入开展反对浪费行动

反过度包装。目前外卖包装市场规模迅速扩张，白色污染问题亟待解决。目前，国内外卖包装废弃处置回收链流程尚不完善，而塑料在填埋或焚烧的过程中产生大量的碳排放。因此，为解决气候问题要加大市场监管和打击力度，严厉整治过度包装行为。

反食品浪费。从政府层面不断贯彻落实关于厉行节约反对食品浪费的意见，杜绝公务活动用餐浪费。餐饮企业应提示顾客适当点餐，鼓励餐后打包，合理设定自助餐浪费收费标准。各级政府提倡家庭按实际需要采购加工食品，争做"光盘族"。加强粮食生产、收购、储存、运输、加工、消费等环节管理，减少粮食损失浪费。

反过度消费。严格执行党政机关厉行节约反对浪费的条例，严禁超标准配车、超标准接待和高消费娱乐等行为，细化明确各类公务活动标准，严禁浪费。以各级党政机关及党员领导干部为带动，坚决抵制生活奢靡、贪图享乐等不正之风，大力破除讲排场、比阔气等陋习，抵制过度消费，改变"自己掏钱、丰俭由我"的观念，形成"节约光荣，浪费可耻"的社会风气。

5. 建立健全绿色消费长效机制

健全法律法规。抓紧修订节能法以及循环经济促进法等法律法规，研究制定节约用水条例、餐厨废弃物管理与资源化利用条例、限制商品过度包装条例、报废机动车回收管理办法、强制回收产品和包装物管理办法等专项法规，增加绿色消费有关要求，进一步明确生产企业、零售企业、消费者、政府机构等主体应依法履行的责任义务。

完善标准体系。健全绿色产品和服务的标准体系，扩大标准覆盖范围，加快制修订产品生产过程的能耗、水耗、物耗以及终端产品的能效、水效等标准，动态调整并不断提高产品的资源环境准入门槛，做好计量检测、应用评价、对标提升等工作。加快实施能效"领跑者"制度、环保"领跑者"制度，研究建立水效"领跑者"制度。

健全标识认证体系。修订能效标识管理办法，扩大能效标识范围。落实节能低碳产品认证管理办法，做好认证目录发布和认证结果采信等工作，加快推行低碳、有机产品认证。推进中国环境标志认证。完善绿色建筑和绿色建材标识制度。制修订绿色市场、绿色宾馆、绿色饭店、绿色旅游等绿色服务评价办法。逐步将目前分头设立的环保、节能、节水、循环、低碳、再生、有机等产品统一整合为绿色产品，建立统一的绿色产品认证、标识等体系，加强绿色产品质量监管。

完善配套政策。对符合条件的节能、节水、环保、资源综合利用项目或产品，可按规定享受相关税收优惠。把高耗能和高污染产品及部分高档消费品纳入消费税征收范围。落实好新能源汽车充电设施的奖补政策和电动汽车用电价格政策。全面实行保基本、促节约，更好反映市场供求、资源稀缺程度、生态环境损害成本和修复效益的资源阶梯价格政策，完善居民用电、用水、用气阶梯价格。

（二）环保行为干预

个人层面可以从绿色餐饮、社区绿色交流、垃圾分类等环保行为入手，主动实现社会节能目标，促进可持续发展。

1. 绿色餐饮合理膳食

研究表明，素食产生的碳排放量在同等情况下远小于肉食，其主要原因是动物成长过程中对事物的利用率相对较低，以及碳排放的甲烷气体较高。在肉类食品中，羊肉和牛肉所组成的红肉类所产生的碳排放量是相同质量中鸡肉类食品的四倍左右。在保证均衡营养的情况下，改善膳食结构有助于2030年碳达峰实现下降较多碳排放。因此，倡导合理的膳食结构是绿色消费为实现碳达峰、碳中和目标的重要手段。

表2.3 中国每千克食物碳排放量测算

单位:千克等效二氧化碳排放

食物种类	羊肉	牛肉	鸡肉	猪肉	菜籽油	鸡蛋	牛奶	大豆油	水稻	蔬菜平均
碳排放量	8.3	8.3	2.2	2.2	1.6	1.2	1.0	0.9	0.9	0.0

资料来源:中金公司。

在饮食方面要倡导光盘行动。根据《2018年中国城市餐饮食物浪费报告》,中国餐饮业浪费率为11.7%。食物浪费意味着生产这些食物所用到的水、土地、能源以及大量的碳排放都被无端消耗。若能在食物消费端进行严格把控可以极大地降低碳排放量。

2. 鼓励家庭与社区的绿色交流

先进的生活方式需要社会成员共同打造,特别是在选择绿色产品与节能交通工具等方面更是如此。因此,除家庭外,更需要基于社区的解决方案。依托绿色社区,能够形成一个以绿色生活方式为主的交流群体,既有利于建立绿色生活群体规范,也有利于通过提供绿色信息、环境教育以及改变外部环境条件等方法,让人们形成绿色生活方式。

3. 垃圾分类与支持环保

垃圾分类是合理利用资源,让资源循环利用的一种方式。各地开展垃圾分类行动是节能减排的有效手段。此外,支持环保,包括减少外卖包装消费、节约纸张、减少一次性纸杯的使用等环保行动也是实现"双碳"目标的必要途径。绿色消费方式的形成与培养与人们强烈的生态文明意识密不可分。例如，广播电视循环播放"手把手教你垃圾分类""零浪费的厨房智慧"等节目，报纸、杂志、图书等不断号召民众为了减少垃圾而努力。采用媒体的宣传教育方式积极引导居民掌握垃圾分类、资源循环利用和保护自然环境等知识。

4. 应用创新科技带动绿色消费

科技创新带来的智能终端、移动支付、网络购物、共享出行、餐饮外卖、共享民宿等新消费方式，一方面改变了消费者的消费行为和方式，另一方面也极大地改变了人们的消费习惯。科技创新利用增强供给端精准对接市场需求的能力，从而推动生产企业和流通企业创新转型，实现以数字化为发展动力，精准分析消费者群体画像，增强生产企业对市场需求的捕捉能力、快速响应能力和敏捷调整能力，以及减少库存等方面的资源浪费。在物联网、云计算、移动互联和人工智能迅猛发展的背景下，绿色消费将会呈现出新的内涵、新的特征、新的需求、新的方式。

未来绿色消费更像一个生态系统，缺乏任何一方主体的配合与协调都会对绿色消费造成较大影响。推动绿色消费升级需要政府、生产端和消费端的共同参与，共同构建一个适合当前发展阶段的、"监管有据、运行高效、激励有效"的绿色消费体系。

第三章

零碳金融

如果这个世界还有任何希望,那它一定不存在于气候变化相关的会议室中,或者高楼矗立的城市中——这希望根植在大地上,将人们拥入自己的臂弯——这些人深知大地的森林、山脉和河流保护着自己,因此他们每天都投入战斗去保护自己的森林、山川。当我们为这个已经走进歧路深处的世界设想其他的可能性时,首先要做的是学会停止戕害那些拥有不同理念的人。

——阿兰达蒂·洛伊(Arundhati Roy) 印度作家

碳中和目标确定后,金融业界面对着众多复杂的挑战。当前业界对气候金融、环境金融和可持续金融的讨论繁杂,有关研究也刚刚起步。比尔·盖茨在其新著《气候经济与人类未来》中预测,温室效应带给人类社会非正常死亡的人数和造成的经济损失,相当于未来每十年发生一次新冠肺炎疫情可能导致的损失。从金融角度看,全社会包括企业、金融部门及投资者合力促进"碳中和"的意义在于:面对未来可能出现的气候灾难或重大损失,人类主动为自身购买一项巨灾保险,只有今天投资了这份保险,面对未来气候风险和不确定性时才有工具进行风险对冲。所以,围绕气候变化、环境保护和可持续发展的金融讨论是至关重要的,金融体系需要为构建绿色低碳的产业、清洁高效的能源和可持续发展进行"零碳化"改造,金融市场应对主体业务做出相应"零碳化"调整。

一、金融:零碳化调整

(一)实现碳中和的三大金融域

在金融服务实体经济的战略思考中,也应当研判如何支持绿色转型的实现路径。结合目前业务实践,金融支持绿色转型和实现双碳目标主要有三个作用域:绿色金融、碳金融以及转型金融。

1. 绿色金融

绿色金融指有特定"绿色"偏好的金融活动，金融机构在投融资决策中充分考虑环境因素的影响，并通过一系列的体制安排和产品创新，将更多的资金投向环境保护、节能减排、资源循环利用等可持续发展的企业和项目，同时降低对污染性和高耗能企业及项目的投资，以促进经济的可持续发展。2016年，在中国的倡议下，二十国集团（G20）自2016年初发起了绿色金融研究小组，由人民银行和英格兰银行共同主持，并经深入研究，形成了《G20绿色金融综合报告》。《报告》中明确对绿色金融概念进行了定义：绿色金融是指能产生环境效益从而支持可持续发展的投融资活动，包括减少空气、水和土壤污染，降低温室气体排放，提高资源使用效率，减缓和适应气候变化并体现其协同效应等。2016年8月，中国人民银行、财政部、国家发展和改革委员会、原环境保护部、原银监会、证监会、原保监会印发《关于构建绿色金融体系的指导意见》。该《意见》明确了构建绿色金融体系的重要意义，并提出大力发展绿色信贷、推动证券市场支持绿色投资、设立绿色发展基金，通过政府和社会资本合作（PPP）模式来动员社会资本、发展绿色保险、完善环境权益交易市场、丰富融资工具、支持地方发展绿色金融、推动开展绿色金融国际合作、防范金融风险、强化组织落实等9部分35条具体内容。

我国绿色金融发展已经取得一定成效，构建较为完善的绿色金融体系表现在以下几个方面：一是绿色金融政策制度和标准体系不断完善，包括一系列货币、产业、财政、环境等绿色金融相关政策，并逐渐完善了绿色金融统计制度；二是绿色金融市场稳步发展，绿色信贷、绿色债券等主要产品规模初步形成，绿色投资和责任投资理念逐渐成为共识；三是绿色金融基层实践成效显著，我国已经设立六省（区）九地绿色金融改革创新试验区，稳步开展绿色金融改革创新实践；四是绿色金融国际合作不断深入，在国家重要多边、双边机制中深入探讨绿色金融议题，引领国际社会关注绿色发展。

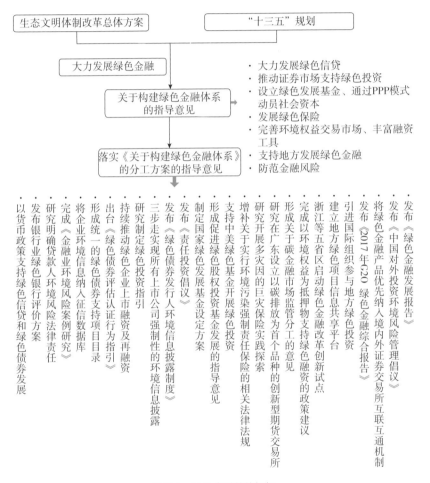

图 3.1 绿色金融总体框架

资料来源：中国人民银行《中国绿色金融发展研究报告》2017。

对于"碳中和"战略部署，绿色金融能够发挥资源配置、风险管理和市场定价三大功能。一定意义上来说，绿色金融能够提高绿色项目的投资回报率和融资的可获得性，降低污染型项目的投资回报率和融资的可获得性，为绿色项目解决融资难、融资贵等问题，相反促使污染类项目变得融资难、融资贵，改变整个投融资结构，使资金流向绿色行业，从而达到强化消费者绿色偏好的作用。但在实际操作中仍面临一系列的问题及障碍：一是绿色项目如何界定，即绿色属性判定问题，比如绿色建筑如何判定、绿色出行项目如何判定，是否绿色；二是绿色项目有多绿的问题，即是不是所有的绿色企业、绿色项目都是一样的绿，有没有深绿、浅绿、多绿，绿色评级体系以及绿了之后的结果是什么样子，对绿色金融收益和成本估算方法当前来讲都是比较粗浅的。

另外，绿色金融的概念有严格界定，也有明确的国际共识，这也决定了其规模和覆盖面有限。绿色金融的主要产品是银行绿色信贷和绿色债券，前者主要投向基础设施绿色升级和清洁能源，后者主要投向国有企业。目前中国的绿色金融发展很迅速，但总体规模还比较有限，一些深层次问题有待解决。

2. 碳金融

碳金融主要指与碳排放权交易有关的金融业务，处于法律体系和政策文件中所逐步实现的市场创新的设计和架构。2021 年 2 月 1 日，《碳排放权交易管理办法（试行）》开始施行，碳排放权市场正式进入第一个履约周期。根据《管理办法》，碳排放权是指分配给重点排放单位的规定时期内的碳排放额度。碳排放额度作为碳排放权的载体，企业可以在碳交易市场上自由交易并转让其所持有的多余碳排放配额并获得相应收益。目前法规及规则中的"碳排放权"采用了相对窄的定义和概念，即政府主导分配和登记的碳排放配额。

碳排放权包含碳配额或碳信用两种机制，对应两种不同的可供交易的碳产品：在碳排放配额机制中，政府通过设定碳排放配额的上限，直接约束重点排放企业的排放量，减少碳排放总量。在碳信用机制中，政府允许基于减排或者吸收温室气体的项目而生成的核证减排量，抵消碳排放配额，有助于提高碳吸收总量。碳信用的代表是CCER。但自2017年3月起，发改委暂停了CCER的签发和项目审批。已签发的CCER仍可交易和使用，但原已签发的CCER实际上处于冻结状态，并未投入市场交易或使用。2020年3月，国际航空碳抵消与减排计划（Carbon Offsetting and Reduction Scheme for International Aviation，CORSIA）宣布可用CCRE自愿减排量进行抵消，为CCER接轨国际提供了契机。

碳市场可分成一级市场和二级市场。一级市场是指政府与重点排放单位之间的交易，二级市场是指重点排放单位之间或其与投资者之间的交易。目前，一级市场碳排放的配额是由政府免费发放的，因此，碳定价的机制体现在二级市场。中国碳排放权交易市场将分为全国碳排放权交易市场与地方碳排放权交易试点市场。其中，自2011年以来，北京、天津、上海等8个地区已陆续开展碳排放权交易试点，但2020年地方交易量只有16亿元；市场流动性不足导致市场成交价波动大且远低于资产合理价格范围，2020年北京碳排放均价在80元/吨，上海均价40元/吨，其余各地也都维持在20元—50元/吨，交易总量也远达不到可降低排放成本和减少排放的要求。

《碳排放权交易管理办法（试行）》推出后，确定了交易模式采取协议转让、单向竞价的模式，这与其他商品现货交易所建制是一致的，当前确定的交易场所在上海，结算机构在武汉，CCER和国家碳排放配额抵消在同一系统中登记，中国碳金融市场在2021年7月正式面世。

市场划分	全国碳排放权交易市场	地方碳排放权交易试点市场							
		北京	天津	上海	重庆	深圳	广东	湖北	福建
权属登记	全国碳排放权注册登记机构	北京市碳排放权注册登记簿	天津市碳排放权登记注册系统	上海市碳排放权交易登记簿	重庆碳排放交易登记簿	深圳市排放权益注册登记簿	广东省碳排放权配额注册登记系统	湖北排放权交易中心系统	福建碳排放配额注册登记系统
交易场所	全国碳排放权交易机构	北京环境交易所	天津排放权交易所	上海环境能源交易所	重庆碳排放交易所	深圳排放权交易所	广州碳排放权交易所	湖北碳排放权交易中心	福建海峡股权交易中心
交易品种	国家碳排放配额（EA）	· BEA · CCER · VER · BFCER	· TJEA · CCER · VER	· SHEA · CCER	· CQEA · CCER	· SZEA · CCER	· GDEA · PHCER · CCER	· HBEA · CCER	· FJEA · CCER · FFCER
交易方式	· 协议转让 · 单向竞价	· 协议转让 · 单向竞价	· 协议转让 · 单向竞价	· 协议转让 · 单向竞价	· 协议转让	· 协议转让 · 挂牌点选	· 协议转让 · 挂牌点选 · 单向竞价	· 协议转让 · 挂牌点选	· 协议转让 · 挂牌点选 · 单向竞价
结算制度	待定	T+1							
参与方	重点排放单位： · 属于全国碳排放权交易市场覆盖行业；且 · 年度温室气体排放量达到2.6万吨二氧化碳当量 符合条件的投资机构或个人	控制排放企业和单位； · 不属于全国碳排放权交易市、不属于全国碳排放权交易市场的重点排放单位；且 · 纳入当地生态环境管理部门配额管理 符合条件的投资机构或个人（须成为地方试点碳排放交易所的会员）							
金融业务	待定	交易所与金融机构尝试开展地方碳排放权交易品种的质押融资、回购融资等金融业务							

图3.2 我国碳排放权交易市场概况

图3.3 我国碳排放权交易市场架构

除排放权交易之外，在可预见时间内，碳金融衍生品、期货、质押融资领域中都可能会出现一系列新金融工具。碳排放权作为现货当期来讲是配额，未来是不是可以提供创新型的期货产品？预期广州期货交易所很快有可能成为首个推出碳排放创新期货产品。另外，因为一旦把碳排放配额当作确定碳排放资产之后，在会计处理中便会确定成企业的资产，作为资产就自然而然可以作为质押融资，这也打开了碳金融与绿色金融的业务创新空间。

3. 转型金融

目前国际上尚无关于转型金融概念的权威界定，也没有一致的业务分类标准。如果说绿色金融覆盖的对象必须要严格强调绿色、有明确的环境效益、符合国际分类标准，那么转型金融的服务支持对象则未必一定是绿色的，可以是棕色或灰色，甚至可以是碳密集或者高环境影响的。转型金融更强调应对气候变化和低碳转型，强调经济活动、市场主体、投资项目和相关资产沿着清晰的路径向低碳和零碳过渡。虽然尚未形成统一标准，但转型金融仍然存在基于共识的一些技术规范和约束框架：如需要有明确的用于支持气候转型和环境改善的目标、路径和治理方针；要有确定的技术方案，最终目标要实现净零排放；要有以科学为基础的评价指标和绩效考核；要保持透明度，有规范持续的信息披露以及确保外部约束等。

相比绿色金融，转型金融可应用于碳密集和高环境影响的行业、企业、项目及相关经济活动。这是转型金融的可取之处，因具有更大的灵活性、更强的针对性、更好的适应性，不受绿色金融概念、标准、分类的限制，所以在支持实体经济实现能源结构转型的范围和规模上，可以有非常大的突破。在我国当前状况下，这样的突破十分必要，也非常重要。中国是国际制造业中心，具有庞大的工业体系，有太多的碳密集、高环境影响行业和企业，需要通过各方面的金融支持进行技术改造、商业转型，逐步实现减排、低碳、零排放。

从世界范围看，转型金融也可以说是一个新的命题。2020年3月，欧盟技术专家工作组发布《欧盟可持续金融分类方案》，该报告明确了转型金融类别及相关标准。同年9月，气候债券倡议组织（CBI）发布了《转型金融白皮书》，试图给出转型定义和转型标签的五大原则，以及转型金融的基本框架。10月，日本环境金融研究院发布了《转型金融指引》，该指引从学术性角度探讨开发部署投融资支持转型,以促进低碳发展、环境改善和资源循环利用。12月,国际资本市场协会(ICMA)发布了《气候转型金融手册》,为转型债券发行提供指导,提出了发行人对其气候转型战略进行披露的相关要求。总体看,国际上关于转型金融的认识和研究刚刚起步,现有的方案还相对比较简单,为我国尽快开展相关工作提供了很好的空间。

(二)发展零碳金融至关重要

零碳金融是应对碳中和的全新金融生态,绿色金融、碳金融和转型金融这三个领域各自的积累、调整和发力,为金融服务实体"零碳化"打开了长期发展之门。

当前,转型金融更具灵活性、针对性和适应性,可以更大范围和更大规模地满足经济能源结构转型,特别是重点工业、交通、建筑等领域转型的资金需求。我国绿色金融发展取得了突出成绩,但绿色金融有相对比较严格的概念、标准、分类,并在国际上形成了比较一致的界定,这很大程度上限制了绿色金融支持大规模实体经济能源结构转型的覆盖面。转型金融更强调应对气候变化和低碳转型,可支持碳密集、高环境影响经济活动沿着清晰的路径向低碳和零碳过渡,因此更具灵活性、针对性和适应性,可更好地支持我国大规模的经济能源结构转型投资需求。

从具体作用上看,转型金融有助于降低绿色溢价。只有绿色溢价日益降低,才能真正地实现零碳排放。降低绿色溢价的措施有两个方向:一是在传统能源成本不变的情况下,降低零碳排放成本;二是在零碳排放成本不变的情况下,提高传统能源成本。对中国这样的发展中国家来说,在短期内看不到零碳能源成本大幅度降低的可能性,提高传统能源成本的空间也不大,比如让煤炭和汽油涨价难度非常大。

因此，一方面，转型金融的绿色投资（包括风险投资和权益投资）发挥作用，把更多的资金投在科技、创新零碳、低碳技术，投在能源、制造等突破性领域，使零碳排放成本大幅度下降；另一方面，如果零碳排放的成本不可能快速减少，则可用其他金融工具如可持续信贷，适时改变传统能源成本定价，甚至推动兼并整合，最终提高能源综合效率。传统金融服务对绿色低碳和可持续问题的关注不够，什么样的机构能够认定绿色溢价，如何确定成本收益，都没有答案也缺少行动。转型金融广泛介入后，社会各界包括企业和个人，均开始关注自身碳账户和碳轨迹，同时关注金融投资者的要求和产品服务的导向，会引发更深层次的经济结构和生产结构的变化。

具体而言，转型金融可围绕三个主战场进行发力：驱动能源的清洁化可再生，助力制造业转型及减排，促进农业科技化现代化。

第一，驱动清洁能源可再生。世界可再生能源投资额现在达到有史最高水平，2020年可再生能源发电占整个发电比重为20%，2030年预期将达到30%。中国可再生能源发电也取得显著成效，截至2020年底，我国可再生能源发电装机总规模达到9.3亿千瓦，占总装机比重的42.4%，当年可再生能源发电量占全社会用电量的比重达29.5%。到"十四五"末，可再生能源发电装机占我国电力总装机的比例将超过50%。预计可再生能源在全社会用电量增量中的占比将达到2/3左右，在一次能源消费增量中的占比将超过50%。需要更多、更安全的长期投资，支持可再生能源从原来能源电力消费的增量补充，变为能源电力消费的增量主体。

第二，推动制造业转型和减排。在我国制造业中，能源密集型的六大制造业包括化学原料及化学制品制造业、非金属矿物制品业、黑色金属冶炼及压延加工业、有色金属冶炼及压延加工业、石油加工炼焦及核燃料加工业、电力热力的生产和供应业。这些产业的转型、减排空间和难度都不小。有关统计表明,以发电和上述主要制造业为代表的产业,占我国排放总量的80%以上——这些行业多是资金密集型,转型金融如能发挥作用,驱动六大行业实现能源应用转型、减少排放,将是当前的最大机遇。

第三,促进农业现代化和科技化。不少人认为,农业产品本来是天然绿色的,排放没有那么多,事实并非如此。在农业中,除二氧化碳直接排放之外,甲烷和一氧化氮的排放较多,全球数据表明农业占到总排放的17%。如畜牧业排放的甲烷、种植业排放的一氧化二氮,对农业总排放量影响很突出,如果折合成准二氧化碳,一吨甲烷相当于28吨二氧化碳,一吨一氧化二氮相当于265吨二氧化碳。传统农业生产和生活习惯不改变,养殖产业、种植堆肥、过量使用氮肥、森林砍伐和燃烧等都会造成复杂的排放问题。转型金融可以积极发力,支持农业龙头企业和产业振兴,在动植物资源和育种、新科技型营养品生产,农业基础设施升级和精准农业服务创新领域发挥重要作用。

二、气候金融

气候金融也称为环境金融,是金融业支持改善气候变化和绿色发展的金融创新举措,是环境经济工作的一部分,主要通过金融工具来保护环境、减少温室效应,是优化配置能源结构、促进能源消费清洁健康发展以及提高环保企业效益的一种有效手段。

气候金融是环境经济学的分支,从宏观角度看,帮助应对能源与气候变化实现优化配置;从微观角度看,为具有公共物品属性的生态环保项目提供投融资——这与本书讨论的绿色金融及碳金融的大致合并范围是一致的。

（一）内涵与实践

气候金融是指在为支持环境改善、应对气候变化和资源节约利用的经济活动，即对环保、节能、清洁能源、绿色交通、绿色建筑等领域的项目投融资、项目运营、风险管理等所提供的金融服务。从金融和环境的关系看，将环保的理念引入金融，改变过去高消耗低产出、增加效益、改善环境的金融发展模式；从环保和产业的角度看，是为环保产业发展提供相应的金融服务，也是对传统金融业务模式的延伸和拓展。气候金融更加强调维护人类社会的长期利益以及长远发展，把经济发展和环境保护协调起来，减轻传统金融业对经济发展的负面效应，促进经济健康有序发展。

金融机构对金融资产的定价，本质上是对各类型金融资产所对应风险的定价，当前被广泛应用的主流定价逻辑是"风险与收益对等原则"，即收益以风险为代价，风险用收益来补偿，简而言之就是"高风险，高收益；低风险，低收益"。尽管气候变化将对金融资产价值构成实质性影响的观点，已被越来越多的金融机构所认同，但如果无法准确量化气候变化的风险，也就无法给予公允的风险定价。究竟是应该尽可能考虑到气候变化所导致的最坏情况，还是只基于当前能够预计和量化的成本／损失评估风险，甚至选择性忽视无法量化的部分，成为金融机构风险管理人员在实践中面临的两难选择。

气候金融通过运用金融手段提高生态环境质量、转移环境风险，采取了一系列行动来应对环境挑战，它标志着现代工业社会在生产、生活方式上发生了根本转变。当前我国发展气候金融有如下意义：

1. 促进低碳经济

多年来，我国工业化、城市化、市场化和国际化交织并行，经济社会处于发展的关键时期，但是，同时也面临着经济快速增长与资源枯竭、生产保护之间的矛盾和挑战。我国一些领域和地区环境污染仍然较为严重，生态环境恶化并未得到相应的控制。国内外实践结果表明，高投入、高消耗、高污染的经济增长方式是不可持续的，我们不能走"先污染，后治理"的老路，而是要立足于走新型工业化和科学城市化道路，依靠技术进步，把引进与消化吸收、创新相结合，形成具有自主知识产权的核心技术和主导产品，而发展气候金融是促进我国低碳经济又快又好发展的重要举措。

2. 引导气候金融理念

我国金融创新总体上落后于实体经济发展的需要，金融工具种类仍然偏少，品种体系不够完善，金融制度和组织结构创新力度不足，金融企业同质化的竞争比较突出，也影响了金融体系结构的改善。在这样的情况下，推动气候金融的发展可以更好地引导商业银行建立和完善中国气候金融体系，也为环保产业与金融机构的紧密结合指明了发展方向。

3. 推动金融产品创新

气候金融旨在将低碳经济和金融创新的互动放在一个有机的系统里，着眼于两者之间的内在联系，探讨所有能够提高环境质量、转移环境风险、发展低碳经济和循环经济，以市场为基础的金融创新。金融机构、企业和机构投资者一方面要努力提高自身环境与社会责任，另一方面要善于捕捉越来越多的低碳经济机遇，在发展低碳经济的过程中，研究开发环境和金融互动下的金融工具创新，实现低碳经济与金融创新的共赢。

（二）气候金融体系

气候金融体系是通过绿色信贷、绿色债券、绿色股票指数和相关产品、绿色发展基金、绿色保险、碳金融等金融工具和相关政策支持经济向绿色化转型的制度规划。构建气候金融体系的目的，是动员和激励更多社会资本投入到绿色产业，有效抑制污染性投资。

1. 气候金融相关政策

政策是促进气候金融体系产生、发展的重要推动力。构建具有引导效力的政策体系，不仅可以为环保产业提供良好的发展平台，而且可以通过征税限制环境污染企业的发展，实现支持生态环境保护产业发展的目标。我国当前发布了一系列关于气候金融的政策，具体如表3.1。

表3.1 我国气候金融的相关政策

发布时间	发布机构	政策名称	内容
2021年5月27日	中国人民银行	《银行业金融机构绿色金融评价方案》	鼓励银行业金融机构积极拓展绿色金融业务，不断加强对高质量发展和绿色低碳发展的金融支持
2019年4月26日	中国人民银行	《关于支持绿色金融改革创新试验区发行绿色债务融资工具的通知》	明确绿色债务融资工具内涵和绿色金融改革创新试验区发行绿色债务融资的业务内容
2018年11月10日	中国证券投资基金业协会	《绿色投资指引（试行）》	明确绿色投资内涵，开展绿色投资的基本方法，以及对其的监督管理规定
2018年3月7日	中国人民银行	《关于加强绿色金融债券存续期监督管理有关事宜的通知》	存续期绿色金融债券信息披露监测评价，提高信息透明度，构建动态管理机制
2017年12月26日	中国银行业协会	《中国银行业绿色银行评价实施方案（试行）》	引导银行业在"风险可控，商业可持续"的前提下，积极支持绿色、循环、低碳经济，有效防范环境和社会风险，提高银行机构自身环境和社会表现

续表

发布时间	发布机构	政策名称	内容
2017年10月26日	中国人民银行、证监会	《绿色债券评估认证行为指引(暂行)》	规定评估认证机构资质、评估认证机构及从业人员开展绿色债券评估认证业务范围以及对其监督管理的规定
2017年3月22日	中国银行间市场交易商协会	《非金融企业绿色债务融资工具业务指引》	规范非金融企业发行绿色债券融资工具的行为
2017年3月3日	证监会	《关于支持绿色债券发展的指导建议》	明确绿色公司债券发行范围、程序规定,引导证券交易所债券市场进一步服务绿色产业健康有序发展
2016年8月31日	中国人民银行等七部委	《关于构建绿色金融体系的指导意见》	建立健全绿色金融体系,发挥资本市场优化资源配置、服务实体经济的功能,支持和促进生态文明建设
2015年12月31日	发改委	《绿色债券发行指引》	明确绿色债券适用范围和支持重点项目领域
2015年12月22日	绿金委	《绿色债券支持项目目录(2015)》	绿色债券支持领域、项目以及说明
2015年12月15日	中国人民银行	《中国人民银行绿色金融债券公告》	规定金融机构法人发行绿色金融债券应具备条件,申请发行绿色金融债券的流程

可见,中国气候金融已经逐步形成以绿色信贷基本政策为着力点,以绿色债券为主要发力点,融合绿色基金、碳金融等多方面内容的政策体系。然而我国气候金融起步较晚,缺乏体系化、系统化,还需进一步加大政策力度支持,完善绿色金融体系。

2. 气候金融的细分

绿色债券市场的发行量和市场规模不断扩大。据统计,截至2020年末,中国累计发行绿色债券规模约1.2万亿元,位居世界第二。根据中债资信统计数据显示，2020 年，我国绿色债券发行金额合计 2 221.61 亿元，受新冠肺炎疫情影响，较 2019 年同比下降 24.0%。气候金融除绿色债券还包括其他类型，具体如表 3.2 所示。

表 3.2　气候金融的细分类型

名称	定义	具体解释
绿色信贷	为促进发展气候金融，共同规避金融风险，环保部门与金融机构互通信息，在信贷中，对保护环境的企业予以支持，对环境保护不力的企业予以控制。这是防止企业环境违法行为的经济控制手段之一。国际上对与绿色信贷的定义是以"赤道原则（EPs）"为标准	兴业银行开发了合同能源管理项目未来收益权质押融资、合同环境服务融资、国际碳产质押融资、国内碳产质押融资、排污权抵押融资、节能减排融资和结构化融资等多种新型特色产品
绿色证券	重污染行业的生产经营公司在上市融资和上市后的再融资等证券发行过程中，应当经由生态环境部门对该公司的环境表现进行专门核查，环保核查不过关的公司不能上市或再融资，所以初期的绿色证券制度单指上市公司环保核查制度	随着绿色证券制度的发展，其内涵不断扩大
绿色债券	募集资金主要用于支持节能、节水、节材、污染防治、生态农林等类型项目的企业债券	节能减排技术改造、绿色城镇化、能源清洁高效利用、新能源开发利用、循环经济发展、水资源节约和非常规水资源开发利用、污染防治、生态农林业、节能环保产业、低碳产业、生态文明先行示范实验、低碳试点示范等项目
绿色保险	以企业发生污染事故对第三者造成的损害依法应承担的赔偿责任为标的的保险	类型有强制性环境责任保险和任意环境责任保险

续表

名称	定义	具体解释
绿色基金	为了实现环境保护的目标而设立的基金。是推动环保产业筹集更多资金的有效渠道，通过建立各种绿色基金，为环保产业的发展提供更加充实的资金流，以进一步提升环保产业市场的活力	国外的绿色基金分为政府引导型基金、风险投资基金、股票投资基金；国内绿色基金的实践主要是绿色政府信托基金和绿色信托基金两种
绿色PPP项目融资	将PPP模式应用于环保领域，以公私合营的方式建设开展环境类公共事业和公共服务	以解决我国目前环保领域中投资回报期长、投资经费不足等问题
绿色PPP基金	通过公私合作的方式所设立的基金	以实现环境保护目标
碳金融	气候变化的市场解决方案，即所有围绕限制温室气体排放的金融活动，包括直接投资、碳指标交易和银行贷款等	我国的碳金融交易市场主要集中在基于CDM项目的交易市场。2010年1月底，第一个低碳交易市场在深圳落户。我国目前有北京环境交易所、上海环境交易所、天津排放权交易所和深圳环境交易所，碳交易年均达国际市场碳金融规模

3. 新型气候金融产品

新型气候金融产品是在环境金融交易市场上的交易标的，这些产品是经济学与环境保护、环境利用和环境风险防范相互融合的最新成果，如表3.3所示。

表3.3 新型气候金融产品

品种	交易标的
可交易污染物许可证和信用	二氧化硫、氮氧化物 挥发性有机物、颗粒物 反应性有机气体、富营养物质或水体质量 绿化和植被种植义务

续表

品种	交易标的
类银行业务和基金产品	湿地和濒危物种储备银行 排污权储备和抵押银行业务 环境类基金和生物多样性企业基金 环境冲抵国际债务交换 林木资源证券化
绿色贸易	碳排放权 温室气体
天气衍生产品	气温互换和期权 雨、雪、湿度、风速等衍生产品 巨灾风险互换和期权
自然类证券	或有资本票据 综合债券化下的巨灾债券和天气债券
环境投资基金	环境类公司股票或债券 环境类项目

三、权益与包容性金融

（一）权益金融和投资基金

从金融行为角度来看，权益金融是指为了获取其他企业的净资产权利或利益的一种投资方式。权益性金融投资最终形成投资方与被投资方的所有权与经营权的关系；一般而言，对企业进行投资，投资者就持有了该企业的权益性证券，代表在该企业中享有所有者权益，投资者可以在今后的企业成长过程中汲取利益、行使相应的权利。换言之，投资者进行权益性金融投资，就是为获取对另一企业的控制权、实施对该企业的重大影响，或为了其他中长期的经营目的。长期资本的供给要以股权工具为核心，以中长期债务工具为补充，让权益金融着眼谋求长期回报，从而有效地支持企业转型升级和创新发展。透过股权投资和相应的资本安排，引导其他金融机构参与中长期债务融资，如银行增加创新型企业的中长期贷款和信用贷款，最终综合、精准、有效地支持实体经济发展。

对于金融服务实体经济的路径而言，首先，要优先服务于技术含量高、适应人才就业形势、提供高质量产品和环境友好的"新实体"企业。未来经济高质量发展的核心是一批科技型、创新型企业的崛起。历史上看，每一次科技革命都会扩大经济总量，科技创新已成为大国战略博弈的重要战场。近年来，我国企业研发投入的总规模仅次于美国，但科研成果产业化转换仍然落后。加强核心技术攻关与产业化是科技创新的主要突破口，为此要创建和完善适合科技创新的金融体系。权益金融必须受到重视，这样才能完善扶持中国科技创新的金融机制，创造多元化协助企业研发创新的金融渠道，通过金融工具真正激发科技人才和创新企业的积极性、主动性。

在绿色转型低碳发展领域，权益金融部门应该明确"转绿"的计划和战略，让更多的长期资金投入到前沿研发和开创性领域，推动碳减排、零碳技术的革新。"转绿"的风险投资及其投资的创新企业，大力发展低碳技术，会获得商业化的超额奖励和资本市场的成功激励。其中，碳减排技术是降低能源消耗的技术，广泛应用于生产生活，如火电厂效率提升、煤改气、能源网络灵活性改造、工业节能、家电节能都是典型案例。碳减排技术需要大量且长期的资金投入，以及众多技术人员和企业持之以恒地进行商业化改造和规模化使用，才能真正发挥效用。

权益金融成功"转绿"，是支持经济绿色转型的关键。除风险投资外，股权和并购等金融资本也会关注低碳企业的整合兼并，限制传统能源技术应用，为优秀的绿色企业提供更多金融动力。即使对单纯的市场投资者而言，气候变化关系到长期投资保值，气候变化的影响使投资机构不能通过简单的分散投资或者撤销投资来规避风险。因此，权益金融机构需要尽快主动"转绿"，通过积极的 ESG 和负责任投资管理，确定净零目标，把握转型机遇，有机会实现整体投资价值的长期提升。也只有如此，权益金融机构才会督促客户（或者被投资企业）管理气候风险，支持其改变发展战略，改变资本配置，调整技术部署，关注可持续和环保责任，为实现双碳目标持续努力。

产业型投资基金是推动双碳目标实现的重要权益性金融工具。一是通过产业基金可拓宽融资渠道，并构建多元化的投资主体结构。通过政策和制度的调整，拓宽产业基金的融资渠道，发展民间资本、金融机构、国外资本和政府资金等共同参与的多元化投资主体结构，聚焦于雾霾治理、水环境治理、土壤治理、污染防治、清洁能源、绿化和风沙治理、资源利用效率和循环利用、绿色交通、绿色建筑、生态保护和气候适应等专项项目。二是可利用外资推动产业基金可持续发展，产业基金的发展不仅可以寻求国内投资，也可以引进外资和国外专业人员，建立产业基金项目库，进一步获得国际金融机构等在基金和技术上的支持。

产业基金可针对性支持技术研发创新，把绿色技术创新作为重要的支持领域，促进环保科技产业发展和成果转化，并建立相应的投资激励机制，为绿色发展提供技术创新动力，建立以绿色企业为主体、市场为导向、产融结合的技术创新体系。对比主要发达国家的绿色产业基金，尽管各自在应对气候变化、能源效率、污染防治、环境治理测算上有所差异，但是环境污染与保护、能源利用和供给、水资源保护、大气污染、清洁技术都是各地区基金关注的焦点。

为推动产业基金发展，需要建立完善产业基金的制度框架和激励机制，包括完善产业基金制度框架，明确基金的概念界定、资金投向、运作模式、发展目标、监管机制等，明确各责任主体的法律责任，规范各参与主体的行为；健全绿色发展基金管理机制。健全产业基金的各项内部制度，包括设立合适的风险应急机制、内部管理控制制度、行业发展自律制度、基金筛选机制、风险监控机制等方面的制度。完善信息披露机制，为社会投融资主体、政府部门、金融机构等部门提供良好的信息，有利于监管的有效和投资者利益的保护。

（二）普惠与包容性金融

实现"3060目标"的过程中，金融行业必然需要发挥不可替代的重要作用，包容和普惠性金融的发展是另一个重点。

传统金融以投资拉动为主，以资本效益为中心，以资本回报率为导向，这造成金融资源对规模小、抗风险能力差的中小企业和创业者的金融服务相对不足；同时也因金融逐利造成了经济的脱实向虚，形成了风险隐患，影响了实体经济的高质量发展。

普惠金融是指立足机会平等要求，以可负担的成本为有金融服务需求的社会各类主体提供适当、有效的服务。普惠和包容性金融自2005年由联合国提出以来，一方面强调向欠发达和低收入阶层提供金融服务，另一方面则强调完善金融基础设施，提高各类主体的金融服务可获得性，促进社会公平正义。随着绿色低碳以及可持续发展理念深入人心，越来越多的消费者，尤其是大量的主力年轻消费者的环境意识在迅速提升。从企业的角度来看，重视环境影响的企业拥有较高的社会满意度。从政府的角度来看，对末端污染的监管力度加大，给企业提出了更高的节能减排要求；专注于短期财务回报，忽略环境影响，将可能受到行政处罚，损伤企业信誉。绿色经济带来更多的机遇，金融行业通过完善普惠性金融服务，借助包容性金融手段支持中国经济从高速增长向高质量发展转型，优先支持附加值高、能耗低的产业，降低绿色企业的融资成本，引导企业树立绿色发展理念。

四、可持续金融

金融为实体经济服务的零碳化过程中,不仅要扩大绿色金融份额和碳金融市场,而且要开展针对气候变化问题提供所有限制温室气体排放的可持续性金融活动——后者是零碳金融的主力战场。

零碳金融与"可持续金融"的关系更为密切。2018年,欧盟委员会发布了《可持续发展融资行动计划》(Action Plan:Financing Sustainable Development);2019年,欧盟委员会技术专家组(TEG)发布了《欧盟可持续金融分类方案》(EU Taxonomy)。可持续金融即为减缓气候变化的经济活动做出的一系列金融活动。与绿色金融相比,可持续金融发展的主要前提是低碳和碳中和背景。但是,绿色金融包括保护环境空气和气候、废水处理、固体废物处理、土壤及地下水的保护和恢复、减少噪声及震动、生物多样性及自然景观保护、放射性污染物的处理等。2010年10月,日本金融研究院发布了《转型金融指引》。2020年12月,国际资本市场协会(ICMA)发布了《气候转型金融手册》,为转型债券发行提供了指导,并提出了发行人对其气候转型战略进行披露等相关要求。

转型金融实质上是气候转型金融,是为构建清洁低碳、安全高效的能源体系做出的金融市场调整。碳达峰、碳中和背景下的碳交易市场需要金融体系的支持,需要建立健康、规范的金融保障体系。转型金融是随着碳中和这一背景发展而提出来的,对其的界定未达成一致,研究也刚起步。在碳中和背景下,转型金融的发展迎来了巨大的市场机遇,但同时也面临着如何更好与碳中和结合的挑战。

1. 机遇

实现碳中和未来30年我国需要新增136万亿人民币的绿色低碳

投资,[*]这给绿色低碳投资和金融带来了机遇。在能源方面,碳中和最核心的是能源零碳化,未来能源几乎都会由可再生能源组成。在交通方面,电动车将取代燃油车,未来还有氢能车,海洋运输、航空也需要零碳化。此外,我们每年几十万亿建筑相关的投资依然投在高碳建筑。未来的建筑业,短期来讲应该是低碳的,长期要变成零碳,其投资数量非常巨大。工业从能源绿色化、节能、物料等角度,都需要大量革新和绿色科技创新才可能实现工业的"零碳"。最后碳回收和固碳也是非常重要的板块,目前主要是靠林业进行固碳,可持续农业及海洋项目也会有所贡献。所以,我们在能源、交通、建筑、工业和林业等领域,都有巨大的投资机会和商业机会。

2. 挑战

金融界要高度重视应对气候变化,或者说碳中和所带来的转型风险。气候变化领域有两大风险:一类是物理风险,一类是转型风险。物理风险是指如果不应对气候变化,全球温室气体排放过多,气温大幅上涨,未来海平面上升将导致全世界沿海地区的大量物业和其他资产被淹没,也会导致更加高频和更加强烈的多种自然灾害,包括飓风、台风、火灾、水灾等,从而带来巨大的财产和经济损失。但是,如果包括中国在内的各国积极推进碳中和,能源和经济的低碳转型就会很快。在碳中和背景下,未来30多年中,几乎所有的传统、高碳能源都可能会消失,几乎所有的高碳产业和企业也都会消失。如果不积极采用低碳、零碳技术进行转型,这些高碳产业和企业都将面临生存危机。

---

* 解振华,在全球财富管理论坛2021北京峰会上的讲话。

金融机构要对气候转型风险的理解和估算引起重视。如果股权投资者在这些高碳产业和企业中拥有股份，且这些企业不进行转型，那么未来这些股权的估值将很可能变得很小甚至为零。如果银行贷款给高碳企业，且这些企业不转型，那么一些长期贷款就会变成坏账。清华的研究团队开发了一套气候转型风险模型，对包括煤电、石油以及重工业（包括水泥、钢铁行业）等几个领域进行分析。据对煤电行业的分析，如果继续给煤电企业进行贷款，这些贷款违约的概率会从现在的3%左右上升到十年之后的22%以上。在高碳领域会出现很多金融风险，因此，金融机构、投资者需要识别，需要预判，需要采取措施来防范。

在气候风险评估和防范方面，国内已经有几家金融机构做了关于气候和环境因素相关的金融风险模型。国际上，以欧洲为代表的金融机构也做了许多相关研究。金融机构，包括银行、保险、证券、基金等，都应该研究这些分析工具，并在量化分析的基础上提出减少高碳风险敞口和推动高碳资产向低碳转型的办法。

五、零碳金融应重视发展转型

金融体系以及监管部门为满足碳中和所带来的金融需求，在转型金融过程中更好地防范相关风险，需要进一步完善绿色标准、环境信息披露，强化对低碳投融资的激励机制以及在产品方面进行更多的创新。

（一）完善绿色标准

绿色金融的标准制定，应以碳中和作为主要目标和约束条件，完善这一标准则为转型金融发展提供了参考系。如果某个项目能满足一类环境目标,却同时损害了另一类环境目标,应当从绿色金融标准中删去,如中国人民银行牵头的新一版《绿色债券目录》(征求意见稿)已经删除了清洁煤之类的高碳项目。其他的绿色金融标准,包括绿色信贷标准、绿色产业投资目录等,也应该按照这个思路进一步改进。

(二)披露环境信息

要完整披露企业碳核算,让金融机构知道哪些经济活动和项目是高碳的,为投资人寻找低碳项目提供支持。此外,监管部门要强化信息披露方面的监管要求,包括对上市公司、发债企业,甚至未上市的公司、中小企业等都要逐步建立强制性的碳、气候相关信息披露要求。同时,金融机构也要披露碳、气候相关信息。

从银行的角度要明确贷款所支持项目的碳排放和碳足迹,而且要制定规划把碳足迹降下来,最后降低到零,以实现碳中和。因此,银行碳足迹的计算和披露也非常重要,未来也应该变成强制性的监管要求。此外,还要披露银行和投资机构所持有的棕色资产信息,以防范这些资产产生的风险。高碳资产未来可能变成坏账,不知道可能变成坏账的资产有多少,就意味着这个金融机构不了解这些风险,也不可能管理好这些风险。因此,棕色资产的总量和所占比重等信息必须得到计算和披露。这方面面临的短期挑战是监管部门要明确棕色资产的定义,使金融机构有统一的标准来进行披露。

(三)激励低碳投融资

绿色金融的激励机制包括再贷款、地方担保、贴息等,但力度小,覆盖面窄。央行应当设立更大规模的专门支持低碳项目的再贷款机制,以降低绿色低碳项目的融资成本。此外,要开始着手研究降低绿色风险资产权重和提高棕色资产风险权重的激励机制。假设可以降低绿色资产的风险权重，则对所有绿色贷款提供了低成本的激励机制。若提升棕色高碳资产的风险权重，则增加这类贷款的融资成本，结合其变化情况，引导银行和其他金融机构调整对这些项目的支持力度。信贷和债券产品可以考虑和碳足迹挂钩。如果主体碳足迹下降快，利率随之降低；如果降得慢或者上升，则利率就随之上升，持续引导企业减碳形成激励机制。这样，转型金融就能成为支持减碳，同时防范金融和社会风险的创新工具。

第四章

碳金融

文明的典型标志就是通过一系列规则驱动宝贵的有限资源逐渐流向好人手中。

——保罗·萨缪尔森（Paul A. Samuelson） 美国经济学家

当前各界对碳金融、碳交易及碳市场的关注上升到新高度。自1997年,《京都议定书》签订以来,明确以市场化手段作为全球温室气体减排的新路径,即把二氧化碳排放权视为一种商品,交易过程简称为碳交易(Carbon Trading),其交易市场称为碳市场(Carbon Market)。市场手段配置资源的方式一般来说更为有效、灵活,并有利于实现资源的优化配置,形成有效的激励约束机制,实现信息的反馈和传导,促进技术创新,实现优胜劣汰等。因此,碳市场的建设也被普遍认为是碳减排的主要手段及重要载体。

一、碳排放权交易

(一)交易标的

碳交易的标的可分为碳配额和碳信用两大类。目前碳交易市场上较为常见的是碳配额、核证减排单位、减排单位(ERU)、自愿减排量(VER)、清除单位(RMU)。后四者都是信用类标的。

碳排放权配额。以欧盟碳配额为例,当前市场上交易的欧盟碳配额(EU Allowance,EUA)一部分是免费分配,一部分是拍卖所得。EUA通常采用标准化合约的形式,逐日交割,并采用实物交割的方式。EUA拍卖合约中,1份合约为1单位EUA,等于1吨二氧化碳,最小拍卖量为500份,即500份二氧化碳。

碳核证减排单位。核证减排单位(CER)是基于CDM项目所签发的碳减排单位，每单位核证减排量相当于减排 1 吨二氧化碳当量，可用于兑现《京都议定书》附录 I 所列国家的减排承诺或者作为温室气体排放交易体系的交易单位，可在交易所二级市场中交易。与 EUA 类似，CER 也采用标准化合约的形式，逐日交割，并采用实物交割的方式。

减排单位。减排单位（Emission Reduction Unit，ERU）是基于联合国履约机制所签发的碳减排单位，每单位核证减排量相当于减排 1 吨二氧化碳当量，可用于兑现《京都议定书》附录 I 所列国家的减排承诺或者作为温室气体排放交易体系的交易单位，可在交易所级市场中交易。附件 I 国家在监督委员会监督下，可获得或转让 ERU。其与 CER 不同，减排单位（ERU）的履约主体是具有减排任务的发达国家。

自愿减排量。自愿减排量（Voluntary Emission Reduction，VER）是指自愿减排项目签发的减排信用，同时也包括正在等候联合国执行理事会注册或签发的、尚未取得 CER 的清洁发展机制项目产生的减排信用额度，即隶属于 CDM 体系之外的项目。随着全球碳排放权交易市场对减排项目的有效性、持续性的要求越来越严格，碳交易市场的买方越来越关注诸如沼气、垃圾填埋气及可再生能源等减排项目。但由于清洁能源机制以及政府指令促进低碳发展的局限性，以及调动公众减排责任心和利他心理，一个全新的被称为"清洁发展机制项目的 VER 预备市场"应运而生。

清除单位。清除单位（Removal Unit，RMU）是一种可交易的碳信用额或"京都单位"（Kyoto Unit），其代表《京都议定书》附录 I 所列国家通过碳汇活动吸收 1 吨温室气体排放而获得的许可。

（二）商品与金融属性

稀缺性是物品成为商品的必要条件，这意味着政府施加的外部强制是碳排放权成为商品的决定性因素。首先，现阶段国际碳排放权市场的主流模式是总量控制与交易机制下的强制减排市场，该模式下碳配额总量根据各国减排目标预先设定，使企业原来毫无约束的排放权受到排放总量限制而表现出某种程度的稀缺性。其次，从价值和使用价值二重属性来看，碳排放权是为了达到减排目的而人为创设的一种权利，它并非凭空产生，创设这项权利和构建相关配套机制需付出较多劳动，它和知识产权等无形商品一样凝结了无差别的人类劳动，碳排放权的价值也由此得以体现。碳排放权的使用价值表现为拥有碳排放权的控排企业可以向大气中排放一定数量的温室气体，满足企业发展的需要；利用碳配额来履约等也使之具备了一定的使用价值。因此，碳排放权符合商品属性。

此外，碳排放权还具有金融属性，这与石油的金融属性相类似。石油具有金融产品的特点，并在市场中作为金融产品体现出相应的功能与作用。碳排放权的金融属性首先体现在其具有资产性。根据会计准则，资产是指企业过去交易或积累形成的，或拥有或控制或预期能给企业带来经济利益的资源，换言之，公司或个人拥有的具有交换价值或商业价值的东西谓之资产。碳市场建立之后，控排企业通过买卖碳排放权获利，此时碳排放权的资产性得以体现。其次，碳排放权具有稀缺性、流动性和可储存性等特点，能为持有者提供保值、增值和资金融通等功能。同时，随着碳排放权市场的迅速发展，政策风险、法律风险、项目风险、市场风险和操作风险等各类交易风险相继出现，由此催生规避风险的金融衍生工具，这类用于防范风险或投资增值的碳交易也表现出显著的金融属性。

二、主要规则

（一）交易制度

碳市场交易制度可划分为两类：一类是总量控制与交易制度，另一类是基线减排与信用交易制度。总量控制与交易制度是由管理当局设定总体排放量上限，并转化为一定量配额，根据成员企业情况的不同对配额进行分配，成员企业可将减排后多余的配额卖出或购入配额进行履约，由此形成配额交易市场。基线减排与信用制度是管理当局为特定项目设定减排基准线，该基准线是在尚未实施该项目时的合理估计排放量，项目减排后的排放量低于基准线的部分可通过相关机构核证，产生核证减排单位，在市场中进行交易并用于履约，由此形成项目交易市场。一般而言，总量控制与交易制度适用于强制碳交易体系，而基线减排与信用制度适用于自愿碳交易体系。

1. 总量控制与交易制度

在总量控制与交易制度下，碳交易流程大致分为总量设定、配额发放、交易、监控与遵约五个步骤。与之相对应，碳交易市场制度的设计需要考虑总量限制机制、配额发放机制、交易机制、监测报告核证机制、遵约机制以及起辅助作用的柔性机制，其框架如图4.1所示。

总量限制机制主要确定减排目标，进而确定配额的发放总量。减排目标和配额总量的大小需根据各实体情况而定，需要考虑经济社会发展程度、行业竞争力与企业承受能力，但很大程度上取决于政治性因素，即政府的政治意愿和政府如何预测实施减排对其重大战略布局的影响程度。在政治因素的主导下，目标和总量的设置可以根据国际义务来设置或者根据经济发展水平、减排成本等因素综合考虑。

第四章 碳金融

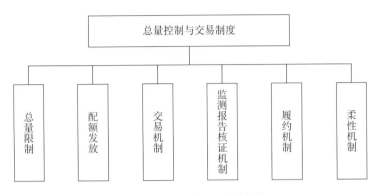

图 4.1 总量控制与交易制度框架

配额发放机制包括无偿发放及有偿发放两种。无偿发放是由管理当局按既定分配标准向企业无偿发放碳配额，企业无须支付费用即可获得配额。这种方式实际上增加了企业的资产，容易被企业所接受。该方式简单易行，有利于降低企业成本，并且能提高企业积极性，所以在交易体系成立初期被普遍采用。但该方式违反了"污染者付费"的原则，损害市场效率，可能出现分配不公，滋生权力寻租。另外，由于排放越多配额越多，该方式带来"逆向选择"问题，即产能低、排放量高、治理成本高、减排能力低的企业反而获得更多的配额，从而扭曲资源配置，降低减排效率。有偿发放可分为固定价格出售和拍卖。固定价格出售的定价机制价格单一，未能兼顾不同企业的需求，因而较为少见。

2. 基准线减排与信用制度

在基线减排与信用制度下，由减排项目产生的碳信用有两种使用途径：一种是进入自愿减排交易体系作为交易机制的主要交易对象，即自愿减排信用；另一种是进入强制减排交易体系作为抵消机制的辅助交易对象，例如CDM项目下产生的核证减排单位，但两种用途的最终目的都是抵消碳排放。无论碳信用如何使用，其产生、交易和注销机制是类似的。在基线减排与信用制度下，碳交易流程可大致分为项目开发、碳信用核准与签发、登记、交易和注销五个步骤。与之相对应，碳交易市场制度的设计需要考虑项目开发机制、核准签发机制、登记机制、交易机制、注销机制。

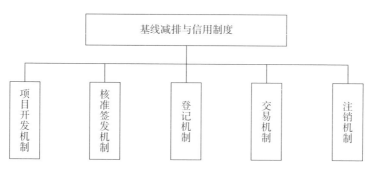

图 4.2　基线减排与信用制度框架

项目开发需经过项目识别、项目设计、项目审批、项目注册、项目实施与监测等流程。具体而言，包括宣布项目参与方进行项目筛选和可行性分析、项目设计书制作、第三方认证机构审核或所在国主管机构审核等过程。在项目开发机制中，关键的问题是基准线的设定和额外性的论证。基准线是指在不开展该项目时温室气体排放量的合理假设水平，其设定方法为现实或历史排放量法、代表性技术方法以及同等情况类似项目法。基准线的确定是额外性的认定基础，额外性要求是指项目排放应低于基准线排放，意味着没有核准减排单位的收益，同时该项目不会存在投资价值。

自愿减排体系的交易过程包括碳信用的创建、注册、跟踪、交易、交割和结算。芝加哥气候交易所曾是唯一一个碳信用的交易平台，但交易体系是自愿加入、强制减排的体系，交易的产品是标准化的碳金融工具，既可以是基于配额的信用，也可以是符合交易所自身标准并登记的信用。随着自愿抵消机制以及第三方登记系统的陆续推出，碳信用交易平台日益增多，很多交易所开始兼容或专门开展碳信用交易，并且发展较为迅速。

（二）市场主体

随着碳交易体系的扩大和日渐成熟，市场参与者的队伍日益壮大。按照参与者地位划分，市场参与者可分为市场主体和辅助参与者。市场主体一般是指买卖双方，不同交易市场的市场主体有所区别；辅助参与者是促成买卖双方交易的参与者，如经纪人、中间商、清算机构、评级机构、咨询部门等。按照参与者性质来划分，市场参与者可分为机构参与者和个人参与者。按照市场性质来划分，市场参与者可分为一级市场参与者和二级市场参与者。

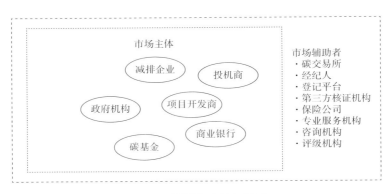

图4.3 碳排放权交易市场结构

在配额市场的一级市场中，政府主管部门作为配额的供给者，减排企业作为配额的需求方，双方以拍卖的方式交易；在配额市场的二级市场中，买卖双方可以是减排企业，也可以是碳基金、投资者、商业银行等；在项目市场中，卖方为项目开发商或减排证书提供商，买方为自愿减排企业或其他投资者。

三、碳产品

现货也称实物，指可供出货、储存和制造业使用的实物商品。在碳市场中，碳现货即市场交易标的；碳期货指以碳买卖市场的交易经验为基础，应对市场风险而衍生的碳期货商品，是具有极其重要的作用的碳金融衍生产品。

（一）碳现货：新征程

我国政府积极建设碳交易市场，希望有效缓解碳排放问题。试点碳市场从 2013 年相继启动运行以来，逐步发展壮大。初步统计共有 2 837 家重点排放单位、1 082 家非履约机构和 11 169 个自然人参与试点碳市场。根据智研咨询发布的《2021-2027 年中国碳交易行业市场经营管理及投资前景预测报告》显示，截至 2019 年 12 月 31 日，八个区域碳市场配额现货累计成交量为 3.95 亿吨，累计成交额为 91.6 亿元（含线上、线下、拍卖以及现货远期交易）；CCER 累计交易量为 2.05 亿吨。截至 2020 年 8 月末，七个试点碳市场配额累计成交量为 4.06 亿吨，累计成交额约为 92.8 亿元。

试点期间以来，市场流动性不足导致市场成交价远低于资产合理价值。根据碳交易所数据，2020 年北京碳排放均价在 80 元/吨以上，上海均价 40 元/吨，其余各地也都维持在 20 元—50 元/吨。根据世界银行 2019 年报告数据显示，美国近年来的碳排放价格为约合 260 元—520 元/吨且逐步上升，预测伴随未来碳排放额度进一步收紧，2030 年碳排放价格将继续上升到 780 元/吨。而根据欧洲能源交易所数据,欧盟近年来碳排放交易价格也维持在约 150 元—240 元 / 吨。中国的碳排放交易价格远低于美国和欧洲。

此外,市场定价偏低导致供需双方无法匹配。从需求方看,中国为全球碳市场创造了巨大减排量,但由于定价偏低,导致发达国家经常以低价购买碳排放权,然后包装、开发成价格更高的金融产品在国外市场上进行交易。从供给方看,国内市场碳排放供应者的积极性普遍不高。比如发电行业本应是碳排放权的主要提供商,但偏低的碳价导致他们在市场上活跃度不高,加之担心长期减排压力大,因此更多选择保守方式:拿到碳排放的配额后,即使在初期有盈余额度,也不愿意出售,而是储备下来供将来履约用。而一些大型电力集团会首先在内部进行统筹,将下属电厂的碳排放权进行集中统一管理和交易,大部分额度在进入交易市场之前会先进行集团内部调剂,待内部需求已经得到满足之后,才将少部分剩余额度拿到市场上交易。

随着"碳达峰、碳中和"的目标被纳入"十四五规划"之中,全国统一的碳市场建设开启了加速发展模式,《碳排放权交易管理办法(试行)》于 2021 年 1 月发布,规范了全国碳排放权交易及相关活动,规定各级生态环境主管部门和市场参与主体的责任、权利和义务。3 月 30 日,生态环境部发布关于公开征求《碳排放权交易管理暂行条例(草案修改稿)》意见的通知,明确建设全国碳排放权注册登记和交易系统,记录碳排放配额的持有、变更、清缴、注销等信息,提供结算服务,组织开展全国碳排放权集中统一交易。首批仅纳入电力行业(2 225 家发电企业),未来将最终覆盖发电、石化、化工、建材、钢铁、有色金属、造纸和国内民用航空等行业。配额分配上仍暂以免费为主,未来根据国家要求将适时引入有偿分配,并逐步提高有偿分配比例。

2021 年 7 月 16 日，全国碳市场在上海、北京和武汉同时启动，这标志着中国碳金融步入全新的发展阶段。

（二）碳期货：大未来

期货是指交易双方就未来对合约附属的某种标的资产交易达成的标准化协议。期货合约是一种衍生资产，其价值依赖于合约附属标的资产的现货价值与特性。碳期货是以碳排放权或碳信用为标的资产的碳金融衍生产品，其价值依赖于碳现货的价值与特性。碳期货的交易双方按事先约定的未来特定的交易时间、地点和价格，交割一定数量的碳资产。交易者可以利用碳期货做与碳现货市场"方向相反，数量相等"的反向操作进行套期保值，对冲碳现货市场价格波动的风险。

碳期货市场的基本功能主要包括：价格发现功能，期货市场价格发现功能是指期货市场通过其完善的交易运行机制，形成具有真实性、预期性、连续性和权威性的期货价格，从而可以从期货价格的变化看出现货的供求状况及价格变动趋势。规避和转移价格风险功能，作为一个对管制高度依赖的市场，碳金融市场存在诸多缺陷，其运行面临着诸多风险。各国在减排目标、监管体系以及市场建设方面的差异，导致了市场分割、政策风险以及高昂交易成本的产生，进而使得碳现货价格产生剧烈波动，因此，用期货的形式转移这种风险就显得尤为必要。降低交易成本，增加市场流动性，碳期货市场为碳排放权供需双方提供了媒介，交易者可以在标准化、透明化的交易平台上，利用信息优势，锁定价格波动的风险，并节约了一定的交易成本和时间成本。此外，碳期货交易实行保证金交易，以较低成本完成期货合约的买卖行为，有利于增加市场流动性。减缓价格波动，碳期货交易中，套期保值者利用碳期货进行与现货反向的操作，有利于减缓

第四章 碳金融

碳现货市场的价格波动。同时，适度的碳期货投机也能够缓减价格波动。

碳期货交易是指在碳交易所内集中买卖期货合约的交易活动。碳期货交易与碳现货交易存在明显区别，见表4.1。第一，交易对象不同，碳现货交易采取碳资产买卖，而碳期货交易的交易对象是标准化合约。第二，交易目的不同，碳现货交易目的是获得或出售碳资产，以完成定量碳排放计划，平衡利益，避免高额罚款；碳期货交易是为了转移碳现货市场价格波动的风险，投机或者套期保值。第三，交易场所和方式不同，碳现货交易不受交易规则、交易场所、交易方式的限制，可以进行场外交易，交易条款可由交易双方商议达成；碳期货交易必须在固定的碳期货交易所以公开竞价方式进行。第四，结算方式不同，碳现货交易一般采用一次性结算，而碳期货交易采用的是保证金结算方式。第五，交割时间不同，碳现货交易中，碳资产所有权转移与交易达成在同一时间；碳期货交易中，碳资产实物转移滞后于期货合约的达成。

表 4.1 碳期货与碳现货的比较

	碳期货	碳现货
交易对象	标准化期货合约	碳排放权
交易目的	转移碳现货市场价格波动的风险	完成定量碳排放计划
交易场所	场内交易	不受交易规则、交易场所、交易方式的限制
结算方式	少量保证金结算	一次性结算全部资金
交割时间	碳资产实物转移滞后于期货合约达成	在同一时间，交易达成则所有权转移

碳排放权期货市场是对碳市场体系的丰富和完善，对经济社会全面绿色转型能发挥独特作用。一是提供有效定价。碳排放权期货市场

作为现货市场的有益补充，通过市场各类交易者的撮合交易、中央对手方清算等方式，进一步提高碳市场体系的市场化程度，可提供连续、公开、透明、高效、权威的远期价格，缓解各方参与者的信息不对称，提高市场的认可接受度。二是提供风险管理工具。碳排放权期货市场为控排企业提供碳价波动风险管理工具，降低因碳价变化带来的经营压力，调动控排企业压减落后产能、实现绿色转型的积极性。同时，碳价与能源、气候、经济结构转型等紧密关联，其他领域的企业也存在碳风险敞口，同样可以利用碳排放权期货管理风险，提前锁定碳成本，安排节能技改或市场交易。三是有利于充分发挥市场在资源配置中的决定性作用。引入碳排放权期货市场，能够通过交易为运用节能减排技术、开发自愿减排项目的企业带来收益，替代部分国家财政补贴，形成市场化的激励约束机制，有效引导政府和社会资本对可再生能源、绿色制造业等低碳产业的投资，促进碳减排和经济清洁低碳转型。四是有利于政府相关部门利用期货市场的远期价格信号提前优化调整绿色低碳政策，提高宏观调控的科学性。五是扩大碳市场的边界和容量。碳排放权期货将碳排放权从实物形态转化为合约形态，使投资主体可以不直接持有现货，而是通过持有期货合约并不断向远月移仓的方式长期投资于碳市场，既满足了社会资本对碳资产的配置和交易需求，也不干扰控排企业正常使用碳排放权，还为碳证券、碳基金、碳期权等其他金融产品提供了更大的发展空间。

（三）碳金融衍生品

碳金融衍生品是指碳市场发育到高级形式的产物，其规避风险功能及价格发现功能是碳金融衍生产品的具体化表现形式。基本类型有以下几种：

碳远期交易。碳远期交易双方约定在将来某个确定的时间以某个确定的价格购买或者出售定数量的碳额度或碳单位。其适应规避现货交易风险的需要而产生，CDM项目产生的CER通常采用碳远期的形式进行交易。通常，项目启动之前，由交易双方签订合约，规定碳额度或碳单位的未来交易价格、交易数量以及交易时间。其为非标准化合约，基本不在交易所中进行，通过场外交易市场对产品的价格、时间以及地点进行商讨。

碳期权交易。目前，全球最有代表性的碳期权产品包括：欧洲气候交易所碳金融合约，该期货期权合约是在欧盟排放交易计划下的高级的、低成本的金融担保工具；排放指标期货，该产品由交易所统一制定，实行集中买卖、公开竞价，规定在将来某一时间和地点交割一定质量和数量的EUA的标准化合约；经核证的减排量期货，欧洲气候交易所专门针对CER市场的需要，推出了经核证的减排量期货合约，以避免CER价格大幅度波动带来的风险；排放配额/指标期权，欧盟排放配额期权赋予持有方（买方）在期权到期日或者之前选择履行该合约的权利，对手方（卖方）则具有履行该合约的义务；经核证的减排量期权，其为依附于清洁能源发展机制产生的CER，对获得的CER看涨或者看跌期权。

碳套利和互换交易。碳套利交易是指在买入或卖出碳信用合约的同时，卖出或买入相关的另一种合约，通过合约之间的价差及变化来获利的一种金融活动。碳金融市场提供跨市场、跨商品和跨期交易三种投资套利方式，进行碳排放权套利交易的合约直接应当具有相同认证标准，合约标的物等量或数量相近时，由于价格、时期、地点等不同，价格预期不同，就有市场价差创造出套利空间。碳排放权互换是指交易双方通过合约达成协议，在未来的一定时期内交换约定数量的不同内容或不同性质的碳排放权客体或债务。投资者利用不同市场或者不同类别的碳资产价格差别买卖，从而获取价差收益。可以说，互换的产生主要基于目标碳减排信用难以获得和发挥碳减排信用的抵减作用这两个原因。由此产生两种形式碳排放互换制度安排：一是温室气体排放权互换交易制度，政府机构或私人部门通过资助国家减排项目获得相应的碳排放减排信用，该机制下碳排放权客体是由管理体系核准认证后颁布的，涉及市场内行为；二是债务与碳减排信用互换交易制度，债务国在债权国的许可下，将一定资金投入碳减排项目，其实质上是债务国和债权国之间的协议行为。

碳金融衍生品交易的主要特征有：

一是交易标的虚拟性。碳金融衍生品是在碳基础产品的基本框架下衍生出来的，其交易对象是对基础碳排放权交易单位在未来不同条件下处置的权利和义务。其本身没有价值，只是作为一种合法的权利或义务的证书。其运行独立于碳基础工具交易机制，能够为产品的持有人带来一定收益，到期或者符合交割条件时，按照金融衍生品的价格计算收入或者损失。

二是与现货价格的联动性。虽然碳金融衍生品的运行独立于基础产品，但其价值及价格变动规律与原生品密切相关。通常，金融衍生品与基础产品之间的关系由合约内容所决定，其联动关系既可以是线性的，也可以表达为复杂的非线性函数甚至是分段函数。

三是高杠杆性与高风险性。碳衍生品交易通常采用保证金制度，即交易所要求交易者只要缴付基础产品价值的某个百分比即可获得衍生品的经营权和管理权。保证金分为初始保证金和维持保证金，当保证金账户余额低于维持保证金时，持有人就会被要求追加保证金。待交易到期日时，对金融衍生品进行反向交易，对差价进行结算；或者进行实物交割，缴付一定数量的保证金获得基础产品。其以较少的资产获取较多的收益,是高杠杆性的突出表现。在保证金制度下,交易者对基础工具未来价格的预期和判断对其盈亏所带来的影响将放大。基础产品价格的波动对碳金融衍生品盈亏的不确定性影响,将由于杠杆性而诱发更高的不确定性。

四是产品设计的复杂性和灵活性。碳衍生品是将基础工具、指标、相关资产期限等通过一定的设定加以组合、复合和分解得出,其本身的构成复杂性来源于所属基础资产关联关系的多样性。除此之外,碳衍生品因其种类不同、针对客户群体不同,合约时间、金额、杠杆比例、价格等参数设计相对灵活,得以充分发挥其套期保值的目的。

五是交易目的多重性。碳衍生品在交易过程中可发挥避险和投资的功能。其市场参与主体通常有套期保值、套利以及投机三个目的。套期保值的投资者通过进行市场间的反向操作,实现锁定价格、保证利润的目标;套利者通过在不同市场间不同品质标的间进行频繁操作,获取收益;投机者纯粹以利润为趋势,买卖标准化的碳衍生品合约。总而言之,市场的参与者通过转移与该基础工具相关价值变化的风险获得经济利益。

碳金融衍生品的交易机制指衍生品交易的基本规则与模式,包括交易产品、交易平台以及价格形成机制等要素,解决如何交易、谁来交易、如何保证交易顺利进行等问题。碳衍生品市场分为场外交易市场和场内交易市场,其最初在场外交易市场交易,后发展到在交易所内部交易。其中,场外交易市场主要是针对价格、时间、地点均需要商讨的合约,如碳远期、碳互换。场内交易市场专门交易标准化合约,如碳期货、碳期权。由于衍生品交易场所不同,其所采用的价格形成机制也有所不同。总的来说,碳金融衍生品交易机制主要有集中竞价制度、协议定价机制、做市商制度等。

四、碳基金投资

碳基金（Carbon Funds）是指由政府、金融机构、企业或个人投资设立的专门基金，致力于在全球范围购买碳信用或投资于温室气体减排项目，经过一段时期后给予投资者回报，以帮助改善全球气候变暖。目前，全球范围内的碳投资载体共有三类：碳基金、碳机构和政府购买计划。后两者接近于广义的碳基金概念，在此统称为"碳基金"。碳基金是碳市场环境下的金融创新需求，特别是在碳市场发展的早期阶段，碳基金的建立发展在引导控排企业履约、开发碳资产、推动民营企业参与碳排放权交易、推进低碳技术、促进低碳产业转型、推动城市低碳发展等方面都有较为深远的影响。

为落实《京都议定书》规定下的清洁发展机制和联合实施机制，世界银行于2000年率先成立碳基金，即由承担减排义务的发达国家企业出资，来购买发展中国家环保项目的减排额度。由于其中蕴含着巨大的商业机会，许多国家、地区、金融机构以及企业、个人等相继出资成立了碳基金，在全球范围内开展减排或碳项目投资，购买或销售从项目中所产生的可计量的真实碳信用指标。

1. 国际碳基金

从股东结构以及投资结构来看，国际碳基金从政府投资为主逐渐过渡到私人投资领域。国际碳基金的资金主要来源于政府、私营企业或两者共同出资。按投资者出资比例的不同，碳基金的股东结构主要有以下三种，即政府承担所有出资、由政府和私有企业按比例共同出资以及私有企业自行募集资金。

表 4.2　国际碳基金股东结构分类

基金分类	属性
公共基金	政府承担所有出资。代表基金有芬兰碳基金、英国碳基金、奥地利碳基金、瑞典 CDM/JI 项目基金
公私混合基金	由政府和私有企业按比例共同出资,也是国际上最为常见的碳基金资金募集方式。代表有世界银行参与设立的碳基金、意大利碳基金、德国 KFW、日本碳基金等
私募基金	私有企业承担所有出资。代表有 Merzbach 夹层碳基金、气候变化碳基金 I 和 II 等

碳基金成立之初的资金主要来源于政府,私有资本比例较少。但在近十年的发展中,私有企业出资或参与的基金数量的增幅和总数都大大超过政府出资组建的基金。原因在于,碳市场是由国际金融机构与政府共同主导并发展起来的。在碳市场发展的早期,由于市场风险和政策风险因素,私人资本不愿涉足,只能由政府或国际金融机构出资成立碳基金;随着政策制度的逐步完善,私人资本因其收益最大化的逐利本性也逐渐参与到这个新兴的领域;减排项目及碳信用指标交易利润丰厚,导致了近年来私人资本组建的碳基金数目增长迅速。

2. 碳基金投资

当前国际碳基金的投资方式主要有以下三种:碳减排购买协议（ERPAs）、直接融资（Direct Financing）和 N/A 方式。碳减排购买协议方式:直接购买温室气体减排量,当前大部分的基金都采取这种投资方式。国际上发达国家内部、发达国家之间或者发达国家和发展中国家之间通过提供资金和技术的方式,在发展中国家实施具有温室气体减排效果的项目,该项目产生的温室气体减排量由碳基金收购。直接融资方式：基金直接为相关项目提供融资支持，如股权投资、直接信贷支持等，通过这种投资方式，碳基金有可能以最低的价格获得碳信用指标，如 ERUs 和 CERs。N/A（Not Available）方式是指碳基金并不在意投资项目的目标大小，此种投资方式较为灵活便利。

自碳基金成立以来，ERPAs 基本都是投资者所采用的主要投资方式。来自世行碳金融部门的数据表明：从基金总数来看，国际碳基金发展前期，全球 60% 的碳基金在碳市场从事碳信用指标的买卖；30% 的份额以直接融资的方式为相关项目提供资金支持，只有 10% 的碳基金采取 N/A 投资方式。近几年，直接融资的碳基金迅猛增长。从股东结构来看，私募基金更偏好于直接融资投资方式，而有政府出资背景的基金则偏向于碳减排购买协议的投资方式。

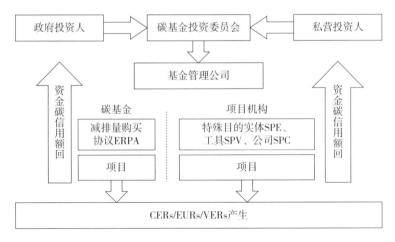

图 4.4　国际碳基金运作方式

3. 碳基金运作

从运作模式上来看，碳基金在基金的法律地位、管理结构和业务运营三个方面具有明显的特点：碳基金多以信托的方式在基金投资者和基金管理公司之间建立起托管人与受益人之间的关系；管理结构与有限责任公司或股份有限公司相似，同样具备权力机构、执行机构与监督机构三方特征；业务运营由基金托管人负责，通常设立专业性较强的碳金融团队，负责碳基金的业务管理。所谓碳基金的运作模式，是指运行和管理碳基金的管理结构及其运行机理，本质上是碳基金内部各项管理系统的内在联系、功能及运行原理，是决定碳基金运行管理效率的核心。

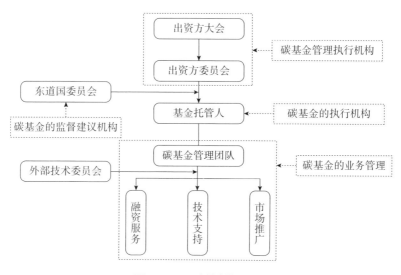

图 4.5　国际碳基金管理模式

碳基金的投资机构和基金管理公司在法律形式上，多以有限公司、股份公司、合伙等常规的商业公司形式出现，碳基金多通过信托的方式在基金投资者和基金管理公司之间建立起托管人与受益人之间的关系，而不是建立普通合伙、有限合伙、股份制企业、企业集团、寄托保管或其他除信托之外的任何形式的法律关系。碳基金的管理结构虽然和通常的有限责任公司或股份有限公司在名称上不同，但在实质上具有完善的管理结构，碳基金的管理结构同样具备权力机构、执行机构与监督机构三方特征。一般而言，碳基金设有出资方大会，由负责出资的政府或私营机构的代表组成。出资方大会为碳基金的权力机构，决定碳基金的重大事项。

4. 碳基金需要规范管理

碳基金需要丰富筹集机制，以多元化的融资渠道形成多层次的基金体系。碳基金的设立可以分为公益性和营利性两种类型。公益性基金主要是由政府或者世界经济组织设立发起的，资金主要投向于可以产生较大示范带动效应或较大贡献的减排项目，公益基金不以营利为目的，而主要是为促进节能减排技术的开发。营利性基金主要是由企业建立，这类基金主要投资于前期或者中后期的碳减排项目，并出售从项目获得的碳减排量以获得预期利润。目前我国碳基金的资金来源渠道单一，仍是以政府投资为主，这不仅会影响基金的发展规模，还难以发挥碳基金作为金融工具的本质作用。所以，应不断优化筹集机制，努力拓宽碳基金的融资渠道。

优化模式，以企业化管理提升基金运行效率。英国碳基金尽管是由政府出资发起成立，但其选择了具有独立法人地位的公司替代政府，采用商业模式对基金进行管理和运作，力图通过严格的管理和制度保障使公共资金得到最有效的使用。基金的这种运作方式有利于调动和协调政府、企业、行业协会、咨询公司、投资公司、科研机构和媒体等各方面的力量。同时碳基金提供的各种服务也受到企业用户的普遍欢迎。

强化风险控制，建立健全风险分摊与约束。碳基金的良性运营取决于基金生存的外部环境，包括世界各国应对气候变化的政策走势及国际碳排放权交易的市场状况，以及碳基金的投资领域和项目的运行情况，这决定了资金投入能否正常回收和取得预期收益。所以，为了加强对基金的风险控制，必须做到密切跟踪和把握国际气候谈判及国内外应对气候变化政策的最新进展；在投资时需谨慎选择，尤其是对于早期企业，应该更多地关注企业的技术研发能力和核心价值，对于已资助的项目要建立健全风险分摊与约束机制等。

5. 中国碳基金投资正起步

我国目前已经有较多与低碳有关的基金发起或运行，低碳基金早期大部分是专注于投资绿色低碳企业股权的私募股权基金，投资于国内碳市场的基金在2014年以后才开始逐渐地涌现出来。与欧美等发达国家相比，我国碳基金投资总体上还处于起步探索阶段。比较重要且具有代表性的低碳基金主要有以下几类：

（1）国家层面设立的碳基金

中国清洁发展机制基金，于2006年8月经国务院批准设立。2007年11月，清洁基金正式启动运行。2010年9月14日，经国务院批准，财政部、国家发展和改革委员会等七部委联合颁布《中国清洁发展机制基金管理办法》，基金业务由此全面展开。清洁基金是由国家批准设立的按照社会性基金模式管理的政策性基金。清洁基金在积极支持应对气候变化政策研究和能力建设的同时，重点支持新兴产业减排、技术减排、市场减排活动。清洁基金的来源包括：通过CDM项目转让温室气体减排量所获得收入中属于国家所有的部分，基金运营收入，国内外机构、组织和个人捐赠等。自2011年开展有偿使用业务以来，据统计，清洁基金已审核通过210个项目，覆盖全国25个省（市、自治区），安排贷款资金累计达130.36亿元，撬动社会资金640.43亿元。

中国绿色碳基金,成立于2007年,发起者包括国家林业和草原局、中国石油天然气集团公司、中国绿化基金会和嘉汉林业(中国)投资有限公司等。该基金设在中国绿化基金会下,作为一个专户进行管理,是用于支持中国应对气候变化活动的专业造林减排、增加林业碳汇的专项基金,属全国性公募基金。基金先期由中国石油天然气集团公司出资3亿元人民币,用于开展吸收大气中的二氧化碳为目的的造林、森林管理以及能源林基地建设等活动。

中国碳减排证卖方基金,是国际上设立最早的碳减排证卖方基金。其总部设于荷兰,核心业务是为中国CDM项目的CERs进入国际碳市场交易提供专业服务,以搭建我国CDM项目业主与欧洲国家的政府、企业和金融机构合作的平台,为他们开展减排项目和融资合作提供全面、全过程的专业服务。欧洲用户通过中国碳减排证卖方基金采购碳减排证。

(2)地方政府背景的碳基金

随着国家各项节能减排政策的推出,部分地方省市也开始尝试建立低碳基金。例如:广东省政府于2009年成立了广东绿色产业投资基金,总规模为50亿元,由5 000万元的政府引导资金和49.5亿元的社会资金共同组成。银行配套200亿元。基金投资方向主要是运用合同能源管理模式进行节能减排的项目,或以该模式为经营手段的节能服务公司的项目股权,以及从事节能装备或新能源开发的高科技企业股权。江西南昌市于2010年2月设立了低碳与城市发展基金"南昌开元城市发展基金",南昌市与国开金融公司共同出资50亿元人民币,预计可拉动200亿元的相关投资。

(3)市场化创投或外资背景的碳基金

市场化创投的碳基金,如浙商诺海低碳基金由浙商创投于2010年发起,是我国第一只致力于低碳领域的私募股权投资基金,主要投资方向为低碳经济领域的节能、环保、新能源等行业中具有自主创新能力和自主知识产权的高成长性企业。基金首期募集规模为2.2亿元人民币。该基金的设立和运作标志着我国低碳领域的资本市场正在逐步走向活跃。外资背景的碳基金，如瑞士ILB-Helios集团和北京中清研信息技术研究院共同出资成立的新能源低碳基金。这是自国务院明确鼓励发展新能源和低碳经济后，获得国家发展和改革委员会批准的首个具有外资背景的低碳基金。

总之，设立和发展低碳基金为节能减排项目的开发提供资金支持，缓解企业前期资金压力，分担开发风险，更有利于促进节能减排技术的研发，加速各项技术的商业化推广进程，最终促进低碳经济的持续发展。

第五章

绿色金融

每个人都试图应用他的资本,来使其生产品得到最大的价值。一般来说,他并不企图增进公共福利,也不清楚增进的公共福利有多少,他所追求的仅仅是他个人的安乐、个人的利益,但当他这样做的时候,就会有一双看不见的手引导他去达到另一个目标,而这个目标绝不是他所追求的东西。由于追逐他个人的利益,他经常促进了社会利益,其效果比他真正想促进社会效益时所得到的效果还大。

——亚当·斯密(Adam Smith) 英国经济学家

绿色金融是指金融机构借助成熟的金融工具，为绿色产业发展提供金融推动力，主要产品包括绿色信贷、绿色股票、绿色信托、绿色债券、绿色保险等品种。绿色金融需要解决绿色产业及客户界定等深层次问题，目前总量占比仍偏低，未来发展空间仍非常大。

一、绿色信贷

绿色信贷是指金融机构通过有效识别、计量、监测、控制信贷业务活动中的环境和社会风险，建立环境和社会风险管理体系，完善相关信贷政策制度和流程管理，严格防范信贷资金流入污染行业，重点投向低碳经济、循环经济和生态经济等领域。

（一）界定与概述

1. 国际绿色信贷发展历程

随着环境污染、资源耗竭、食品安全等问题的日趋严重，人类的环保意识逐步觉醒，20世纪80年代初美国颁布"超级金基金法案"，要求企业必须为其引起的环境污染负责，从而使得银行高度关注和防范由于潜在环境污染所造成的信贷风险，这也标志着绿色金融发展的开始。1992年，联合国环境署联合知名银行在纽约共同发布了《银行业关于环境和可持续发展的声明书》，共计100多个团体和机构在声明书上签字,声明促进了可持续发展金融理念的推广。2003 年,七个国家的十家主要银行宣布实行"赤道原则",其宗旨在于为国际银行提供一套通用的框架,要求金融机构在投资项目时要综合评估该项目对环境和社会产生的影响。目前全球有 80 多家国际性金融机构正式宣布接受"赤道原则",囊括了新兴市场 70% 以上的国际融资项目贷款。

在绿色信贷的概念界定上,国际上对银行在信贷业务绿色化的专业术语不太相同,但均涉及两个共同特征:一是在普通的信贷决策流程中增加环境因子的考量,筛除污染型客户;二是增加对环境友好型企业的融资与服务,以促进可持续发展。

表 5.1 国内赤道银行情况一览

序号	银行名称	采纳时间	所属地区	是否上市
1	兴业银行	2008 年 10 月	福建	A 股上市
2	江苏银行	2017 年 1 月	江苏	A 股上市
3	湖州银行	2019 年 7 月	浙江	否
4	重庆农村商业银行	2020 年 2 月	重庆	A+H 股上市
5	绵阳市商业银行	2020 年 7 月	四川	否
6	贵州银行	2020 年 11 月	贵州	H 股上市
7	重庆银行	2021 年 2 月	重庆	A+H 股上市

资料来源:华软研究中心根据公开资料整理。

2. 我国绿色信贷的发展

2007 年 7 月,原国家环境保护总局、中国人民银行和原中国银监会联合下发了《关于落实环保政策法规防范信贷风险的意见》,对银行提出四个贷款环境风险相关的要求。一是充分认识利用信贷手段保护环境的重要意义。要加强环保和信贷管理工作的协调配合,即以强化环境监管促进信贷安全,以严格信贷管理支持环境保护。二是加强对建设项目和企业的环境监管与信贷管理。银行应根据国家建设项目的环保规定和生态环境部通报情况,严格贷款审批、发放和监督管理,同时还应根据国家产业政策,区分鼓励类、限制类和淘汰类项目采取差异化的信贷政策。三是加强环保与金融部门的协调配合,实现信息共享。四是加强监督检查,追究违规者的责任。对于商业银行违规向环境违法项目贷款的,依法予以严肃查处,对造成严重损失的,还应追究相关机构和责任人责任。

图 5.1 《关于落实环保政策法规防范信贷风险的意见》颁布

此后,陆续出台的一系列文件都涉及对银行的环境风险管理要求,2012 年原中国银监会发布了《绿色信贷指引》,绿色信贷才真正在中国官方的文件上出现，并有了明确的定义和要求。《绿色信贷指引》要求银行业金融机构应加大对绿色经济、低碳经济、循环经济的支持；严密防范环境和社会风险；关注并提升银行业金融机构自身的环境和社会表现，并对绿色信贷的内涵进行了说明，从组织管理、政策制度及能力建设、流程管理、内控管理与信息披露等各方面提出了具体要求，具有很强的实用性和可操作性。同时制定《绿色信贷统计制度》，明确了12类项目统计口径，还对7项节约指标进行了统计。此外，原中国银监会印发了《银行业金融机构绩效考评监管指引》，要求在绩效考评中设置社会责任类指标，对节能减排和环境保护进行考评，对社会责任报告中对绿色信贷情况进行披露。在实际操作层面，各家商业银行均制定了相应的绿色信贷政策，如国家开发银行的《环保生态规划》、工商银行的《绿色信贷建设实施纲要》、兴业银行的《环境与社会风险管理政策》等。此外，各商业银行还制定了一系列绿色信贷的行业政策，产生了积极效果。

表5.2 《绿色信贷统计制度》对绿色项目的界定

1. 绿色农业开发项目	8. 农村及城市水项目
2. 绿色林业开发项目	9. 建筑节能及绿色建筑
3. 工业节能节水环保项目	10. 绿色交通运输项目
4. 自然保护、生态修复及灾害防控项目	11. 节能环保服务
5. 资源循环利用项目	12. 采用国际惯例或国际标准的境外项目
6. 垃圾处理及污染防治项目	13. 战略新兴产业
7. 可再生能源及清洁能源项目	

(二)绿色信贷制度

1. 绿色信贷政策体系

在银保监会等部门的指导和推动下,银行业金融机构针对环境和社会风险,逐步构建并完善自身的绿色信贷政策体系。既包括从全局出发,整体统筹的绿色信贷总体政策,也包括针对国家重点调控的限制类型行业,以及能带动的环境和社会风险行业制定的行业信贷政策,加大对节能环保等绿色经济领域的信贷支持力度,严控"两高一剩"行业授信和贷款,建立绿色信贷发展的长效机制。

表5.3 中国绿色信贷政策体系主要内容

决策机制与约束机制	市场准入原则: • 严格审查贷款需求项目环评标准 • 对符合国家产业政策和环境保护政策标准的信贷需求项目,要按照信贷和环境风险评估模型预测和评估投资项目未来的环境风险 • 对国家产业政策激励发展的绿色产业应从资金技术上给予支持
	项目评估筛选: • 对于高风险贷款项目,贷款申请者必须完成社会及环境评估 • 对贷款项目进行环境要素评估
	信贷规模和资金价值: • 各金融机构应根据所掌握的环保信息,对贷款客户实行分类管理 • 建立绿色信贷的定价机制
监督约束机制	建立动态环境风险监测机制
	要加大环境违法的金融机构与企业处罚力度
	建立绿色信贷信息披露制度
	重新设定银行报表约束制度
绿色信贷激励约束机制	政府提供税收减免优惠或对损失提供财政贴息
	中央银行资金和价格倾斜
	金融监管机构从资本充足率和风险资产核定等方面,对发放绿色信贷的金融机构给予激励和支持

新发展时期绿色信贷政策全面落地。2016年9月，由中国人民银行、国家发展和改革委员会等七部委联合出台的《关于构建绿色金融体系的指导意见》，将绿色金融真正上升为国家战略，为绿色金融的发展做出了顶层设计，在绿色金融政策历程上具有决定性的指向意义。2017年6月14日，国务院批准了五省区建立绿色金融改革创新试验区的方案，从发展绿色金融事业部、扩大绿色信贷和绿色债券发行、发展绿色基金、加快发展绿色保险、建立环境权益市场、建立绿色信用体系、强化政策支持等多个方面进行了部署。这是我国在顶层设计之后，通过调动地方积极性开展基层试点和探索，来摸索和创造一些可复制、可推广的经验，为全面推动绿色金融落地奠定坚实的基础。党的十九大明确了绿色发展的国家战略，以绿色信贷为主的绿色金融被纳入顶层设计，政策体系的构建更为全面和系统，整个政策体系的框架也日臻成熟。

2. 绿色信贷增长迅速但占比不高

我国绿色信贷余额稳步增长，据银保监会统计，从2013年末至2019年末，我国21家主要银行机构绿色信贷余额从5.2万亿元增长至11.29万亿元，主要投向绿色交通运输、可再生能源及清洁能源项目。按照贷款资金占项目总投资的比例计算，截至2019年末，国内21家主要银行机构节能环保项目和服务贷款预计每年可支持节约标准煤2.82亿吨，减排二氧化碳当量5.67亿吨，减排化学需氧量580.17万吨、氨氮44.73万吨、二氧化硫745.12万吨、氮氧化物760.17万吨，节水15.04亿吨。

人民银行数据显示，截至2019年末，全国绿色贷款余额达10.22万亿元，余额比年初增长15.4%，比同期企事业单位贷款增速高4.9个百分点，余额占企事业单位贷款余额的10.46%；全年增加1.37万亿元，增量占企事业单位贷款的 14.6%。截至 2019 年末，绿色贷款中的不良贷款余额为 745 亿元，不良率为 0.73%，比同期企业贷款不良率低 1.54 个百分点，比年初上升 0.25 个百分点，较全国商业银行不良贷款率低 1.13 个百分点。

但我国绿色信贷占比较低，发展仍然面临一定的瓶颈。一是授信定价模型不确定，绿色项目前期投入大，投资回收期长，传统的以市场为导向的授信定价无法适用于绿色信贷，大部分绿色信贷的还款模式依赖于政府补助。二是授信期限严重错配，商业银行客观上倾向于发放短期流动资金贷款，压降中长期项目贷款的比重，银行授信无法从根本上满足绿色项目的融资期限要求。三是专业人才和理解欠缺，商业银行对绿色产业的发展趋势"雾里看花""水中望月"，没有科学清晰的认识，造成对潜在风险的防范不力。

（三）银行绿色信贷管理

1. 流程管理

银行绿色信贷的管理贯穿于整个信贷业务流程，从贷前、贷中、贷后三个环节对其环境风险进行评估、监测与防范。

贷前全面调查，是初步识别环境社会风险的环节。银行客户经理对潜在客户相关资料收集的全面性、真实性、有效性，尽职调查和合规审查的范围与质量，绿色分类初步判断的准确性都会对后续阶段产生重要影响。尽职调查，根据客户及其项目所处行业、区域特点，明确环境和社会风险尽职调查的内容，确保其调查全面、深入、细致。合规审查，即针对不同行业的客户特点，制定环境和社会方面的合规文件清单和合规风险审查清单，确保客户提交的文件和相关手续的合规性、有效性和完整性。绿色分类，根据前面收集到的信息进行环境和社会风险的初步判断,对其进行绿色分类。

贷时审查审批,通常由授信审批部或信贷审查委员会决定,包括授信审批与合同管理等。一是授信审批,银行根据客户面临的环境和社会风险的性质和严重程度,确定合理的授信权限和审批流程。对环境和社会表现不合规的客户,应当不予授信。对于存在环境风险隐患的客户,银行综合评估其风险性质、程度,对还款能力的影响之后,可以基于自身的风险偏好,相应采取风险缓释措施。二是合同管理,对涉及重大环境和社会风险的客户,在合同中应当要求客户提交环境和社会风险报告,订立客户加强环境和社会风险管理的声明和保证条款,设定客户接受贷款人监督等承诺条款。

贷后风险管理,包括资金拨付管理,在考虑按项目进度拨付资金的基础上,将客户对环境和社会风险的管理状况也作为决定信贷资金拨付的重要依据。在已授信项目的设计、准备、施工、竣工、运营、关停等各环节,设置环境和社会风险评估关卡,对出现重大风险隐患的,可以中止直至终止信贷资金拨付。贷后风险监控,对有潜在重大环境和社会风险的客户,制定并实行有针对性的贷后管理措施。密切关注国家政策对客户经营状况的影响,并加强动态分析。

2. 内控管理

一是内部审计机制,银行机构应当将绿色信贷执行情况纳入内控合规检查范围,定期组织实施绿色信贷内部审计。二是内部问责机制,银行一旦在内部审计中发现绿色信贷规章执行不到位,出现重大问题的应当依据相关规定对相关部门和责任人员进行严肃问责。三是激励约束机制,银行建立科学、有效的绿色信贷考核评价体系和奖惩机制,落实激励约束措施,充分发挥其"指挥棒"的作用,提升基层网点和员工开展绿色信贷业务的积极性和主观能动性,确保绿色信贷在全行范围内得到持续有效开展。通常银行可以从考核评价、资源配置、差异化授权等方面建立绿色信贷激励约束机制。

3. 信息披露

银行公开绿色信贷战略和政策，充分披露绿色信贷发展情况。对涉及重大环境与社会风险影响的授信情况，应当依据法律法规披露相关信息，接受市场和利益相关方的监督。必要时可以聘请合格、独立的第三方对银行履行环境和社会责任的活动进行评估或审计。

目前绿色信贷的信息披露尚没有明确的标准，在披露的内容、方式、频率等方面银行都有较大的选择权。普遍而言，要做好绿色信贷的信息披露工作，需要从以下两个方面着手：一是建立内部信息披露制度，明确归口管理部门和披露标准；二是明确信息披露载体和渠道。银行可以通过年报、中报、季报、可持续发展报告、赤道原则年度报告、环境与社会业绩报告等载体，全面披露包括环境与社会风险管理在内的重大经营管理信息。渠道方面既可以通过主流新闻报刊，也可通过一些官方网站、微博等网络媒体进行披露。此外，也要注意与利益相关方之间的交流与互动，重视其合理的利益诉求，重视与绿色非政府组织、公益组织的交流对话等。

二、绿色证券

绿色证券是指上市公司在上市融资和再融资过程中，要经由环保部门进行环保审核的一项证券业务模式。绿色证券作为我国金融体系中最具潜力的绿色融资模式之一受到越来越多的关注，对于提高直接融资比重、提升服务实体能力、促进经济可持续发展的作用逐步凸显。

（一）界定与概述

证券是多种经济权益凭证的统称，也指专门的种类产品用来证明券票持有人享有的某种特定权益的法律凭证，主要包括资本证券、货币证券和商品证券等。狭义上的证券主要指的是证券市场中的证券产品，其中包括资本市场产品如股票，债权市场产品如债券，以及衍生市场产品如股票期货、期权、利率期货等。绿色证券主要是指上市公司在资本市场上市融资和再融资过程中，要经由环保部门进行环保审核，随着"一票否决"政策的推广和强化，与之相关的环境信息披露、环境绩效评估也逐渐成为公司公开发行证券和上市公司持续信息披露的要求，主要包括绿色债券、绿色资产支持证券等绿色基础证券和基于绿色基础证券的绿色指数和基金产品等。

1. 境外市场

发达国家不同程度地加强了对上市公司环境信息披露的要求。境外成熟市场推行强制信息披露的主要目的是加强企业的社会责任和综合竞争力，同时认识到对资源的有效利用、风险管理和绿色金融创新对国家长期竞争战略的重要性。

欧盟在1992年发表的《走向可持续发展》报告中认为，会计必须将环境信息作为一个重要内容包含于相关决策信息当中。1993年3月，欧盟通过并发布了环境管理与审计体系。2014年12月，欧盟修改了审计指导原则，要求员工人数多于500人的企业在审计报告中披露ESG信息。美国证券交易委员会自1993年开始要求上市公司从环境会计的角度对自身的环境表现提供实质性报告，这是首次在证券市场上要求上市公司定期提供与环境有关的报告。2014年，美国上市公司中有近百家公司提交了110份关于应对企业可持续发展挑战的股东会决议，内容包括气候变化、供应链问题和水资源相关风险等。世界各主要证券交易所积极实施企业教育计划,引进相关发展指数,并设置了可持续发展和ESG披露标准作为公司上市的先决条件。其中一些交易所将可持续报告视为企业长期盈利的重要标志,如伦敦证券交易所、巴西证券期货交易所、香港联合交易所等。香港联合交易所于2015年12月21日发布《环境、社会及管治(ESG)报告指引》咨询总结文件,体现出资本市场在注重上市公司现行运营及盈利状况的同时,越来越关注上市公司的可持续发展能力,非财务管理政策及绩效表现能够为投资人评估企业提供更为全面和广泛的信息。

2. 国内市场

随着绿色产业在国家战略地位的提升,以及鼓励绿色产业发展政策的陆续出台,绿色证券将迎来发展良机。2001年,原国家环境保护总局发布了《关于做好上市公司环保情况核查工作的通知》。该通知指出对存在严重违反环评和"三同时"制度,发生过重大污染事件、主要污染物不能稳定达标或者核查过程中弄虚作假的公司,不能通过或暂缓通过上市环保核查,并对核查对象、核查内容和要求、核查程序做了具体规定。随后,环境保护部和中国证券监督管理委员会陆续发布相关政策。

2003年,中国证券监督管理委员会颁布了《关于对申请上市的企业和申请再融资的上市企业进行环境保护核查的通知》,自此开展了重污染上市公司的环保核查工作。2007年,原国家环境保护总局颁布了《关于进一步规范重污染行业经营公司申请上市或再融资环境保护核查工作的通知》及《上市公司环境保护核查工作指南》,进一步规范和推动了环保核查工作。

2008年1月9日,中国证券监督管理委员会发布了《关于重污染行业生产经营公司 IPO 申请申报文件的通知》，要求重污染行业生产经营公司申请首次公开发行的申请文件中，应当提供原国家环境保护总局的核查意见，未取得环保核查意见的，不受理申请。2008 年 2 月 28 日，原国家环境保护总局正式出台了《关于加强上市公司环保监管工作的指导意见》。2018 年 4 月 24 日，中国证券业协会绿色证券专业委员会成立，推动和引导证券行业深入参与绿色证券业务，切实服务于实体经济、国家战略，践行绿色发展理念。

2018 年 9 月 30 日，中国证券监督管理委员会发布修订后的《上市公司治理准则》。修订后的准则共 10 章、98 条，内容涵盖上市公司治理基本理念和原则，股东大会、董事会、监事会的组成和运作，董事、监事和高级管理人员的权利义务，上市公司激励约束机制，控股股东及其关联方的行为规范，机构投资者及相关机构参与公司治理，上市公司在利益相关者、环境保护和社会责任方面的基本要求，以及信息披露与透明度等。

2018 年 11 月 10 日，中国证券投资基金业协会正式发布了《绿色投资指引（试行）》，界定了绿色投资的内涵，明确了绿色投资的目标、原则和基本方法，意图引导从事绿色投资活动的基金管理人、基金产品以市场化、规范化、专业化方式运作，培养长期价值投资取向、树立绿色投资行为规范。

表 5.4 绿色证券相关文件

序号	发布时间	文件名称	发布单位
1	2001	《关于做好上市公司环保情况核查工作的通知》	原国家环境保护总局
2	2003	《关于对申请上市的企业和申请再融资的上市企业进行环境保护核查的通知》	中国证券监督管理委员会

续表

序号	发布时间	文件名称	发布单位
3	2007	《关于进一步规范重污染行业经营公司申请上市或再融资环境保护核查工作的通知》	原国家环境保护总局
4	2007	《上市公司环境保护核查工作指南》	原国家环境保护总局
5	2008	《关于重污染行业生产经营公司IPO申请申报文件的通知》	中国证券监督管理委员会
6	2008	《关于加强上市公司环保监管工作的指导意见》	原国家环境保护总局
7	2018	修订《上市公司治理准则》	中国证券监督管理委员会
8	2018	《绿色投资指引（试行）》	中国证券投资基金业协会

（二）制度与指数

1. 市场主导模式

为顺应国家"放管服"的改革总体思路，原环境保护部于2014年10月发布了《关于改革调整上市环保核查工作制度的通知》（环发【2014】149号），暂停了环保核查制度。为保障市场的绿色化、循环发展化、低碳发展化，我国建立了依赖市场主体、基于信息公开的绿色证券制度体系，由环保核查制度改为由保荐机构和投资人依据政府、企业公开的环境信息以及券商、律所等第三方机构评估结果等信息，对（申请）上市企业环境表现进行评估。至此，绿色证券工作机制由政府主导模式转为市场主导模式，从依赖政府的行政管理、行政评估转变为完全依靠市场手段和公开信息进行判断和评估。政府主导模式与市场主导模式下的绿色证券的异同如表5.5所示。

表 5.5 绿色证券政府主导模式与市场主导模式的主要内容对比

模式 内容	政府主导模式	市场主导模式
依托制度	上市公司环保核查制度	上市公司环境信息披露
制度目的	规范重污染行业申请上市或者再融资的企业的环境行为	规范和促进上市公司的环境保护行为
规范对象	14类重污染行业申请上市的企业、申请再融资的上市企业以及再融资募集资金投资于重污染行业的上市企业	申请上市的企业，属于重点排污单位的上市公司
评估方式	核查报告、守法证明，环保部门行政核准	律所和投行等市场主体，依靠公开信息和证券法规进行判断和评估
评估内容	申请上市公司：审核环境影响评价、主要污染物总量控制等13个方面。申请再融资的上市公司：另增加三项审核要求，包括募集资金投向不造成现实的和潜在的环境影响、募集资金投向有利于改善环境质量及募集资金投向不属于国家明令淘汰的落后生产能力、工艺和产品等	申请上市公司：披露环境保护政策变化可能带来的风险因素，重污染行业还需披露因环境保护原因受到处罚的情况等四方面情况。属重点排污单位的上市公司：在年报及半年报中披露主要污染物及特征污染物的名称等九方面环境信息
跟踪评估	各省级环保部门每两年开展一次后督查工作，重点检查公司承诺限期完成整改的环境问题	主要靠投资者、媒体和NGO等社会力量零星监督

随着绿色证券制度的逐步完善，关注企业特别是上市公司的环境表现、提升绿色上市公司资产溢价的市场机制也随之形成。上市公司的环境信息披露是信息使用者获取公司环境信息的最根本的途径，环境信息披露直接影响着上市公司的盈利，这也让企业对自身环境信息披露极为重视。

为促进绿色证券的健康发展，改善生态环境，环保NGO等社会主体，作为社会第三方力量，充分发挥了民间的环保力量，自主关注企业环境信息披露合规与违规行为，督促上市公司履行自身环境保护责任与义务。社会主体监督上市公司环境信息披露，已是市场主导模式下绿色证券制度中的一种趋势。企业积极披露环境信息，有利于构建企业和利益相关者之间的信任，降低信息不对称，提升企业经营能力，降低经营风险，获得外部融资优势，从而推进绿色证券的发展。

2. 绿色证券指数

绿色证券指数可体现绿色企业所发行证券的整体市场表现，作为绿色投资标的，还可作为开发绿色金融衍生品的基础。各类绿色证券指数相继推出，使更多的投资者和上市公司开始关注可持续发展问题。有价值的投资将带来长期良好的投资回报，而绿色指数正是指引价值投资方向的有效参考工具。

绿色证券指数选取出来的在社会责任方面表现良好的企业，未来能产生较高的投资回报。具有良好社会责任表现的企业，更加关注长期可持续发展，因此保证了较低投资风险和相对稳定的投资收益。跟踪该类指数的资产投资通常具有较大的资产规模和较好的经济收益。目前境外绿色证券指数主要分为三类，包括社会责任ESG指数、环境生态指数以及环保产业指数。

我国股票市场上的绿色环保指数主要分为三大类：第一类为可持续发展指数（ESG），主要针对企业在环境、社会责任、公司治理等方面的综合评价；第二类为环保产业类指数，这是目前国内绿色环保指数的核心品种，主要涵盖资源管理、清洁技术、产品和污染管理等范围内的上市公司，在综合的环保产业指数里面，还有更为细分的类别，如新能源、新能源汽车、环境治理等；第三类为碳效率类指数，通过计算上市公司的碳足迹（二氧化碳排放量/主营收入），来选取碳排放量比较低的上市公司。第一类和第二类指数主要反映重视环境治理的公司,第三类指数聚焦在传统类公司的节能减排,视角有所差异。

(三) ESG 与信息披露

1. ESG 信息披露现状

ESG(Environmental,Social and Governance)信息披露主要聚焦上市公司在环境保护、社会责任和内部治理三个方面的行为和结果,目的是规范和引导企业在追求经济利益的同时,关注生态环境,积极履行社会责任,实现企业价值与社会价值相统一。随着企业社会责任成为全球共识,以及可持续发展理念的普及,上市公司的治理能力、环境影响、社会贡献等非财务指标也日益受到关注。ESG 提供了一个整合框架,可以帮助企业系统性推进公司治理的变革、全面地评估非财务指标程度,强化上市公司在环境保护、社会责任、公司治理方面的引领作用,进而实现公司可持续发展。

近十年间,我国 A 股市场披露年度企业社会责任报告(CSR 报告)的公司数量总体上呈现增长趋势,由 2011 年的 565 家增长至 2020 年的 1 005 家,复合增长率为 6.61%,其中沪市由 343 家增长至 606 家,复合增长率 6.53%;深市由 222 家增长至 399 家,复合增长率 6.73%,沪深两市均实现了较为乐观的增长。但值得注意的是,除部分特定行业和板块存在特殊披露规定以外,上市公司社会责任报告并非强制披露事项。目前,我国沪深两市共有约 4 000 家上市公司,而主动披露社会责任报告的公司仍占少数,A 股上市公司披露 CSR 报告的积极性仍有待提高。随着信息披露监管要求的陆续推进,投资者对高质量 ESG 信息需求的增长,上市公司应强化社会责任意识不断提高信息披露质量。

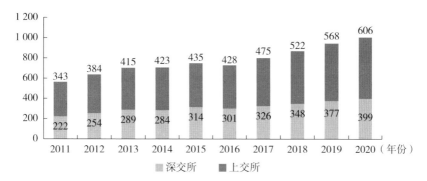

图 5.2　2011—2020 年 A 股上市公司（不含"新三板"）企业 CSR 报告发布情况

数据来源：东方财富 Choice 数据终端。

2. ESG 信息披露要求

有效的 ESG 信息披露不仅能够满足政府、行业协会、交易所的相关要求，还可以提高企业声誉、加强环境风险管控、践行企业社会责任、实现企业社会共赢。当前，境外国家和地区 ESG 信息披露政策大概分为三类：完全强制披露，部分强制披露和自愿披露结合，以及不披露就解释（表 5.6）。

表 5.6　境外国家和地区的 ESG 信息披露政策

披露形式	国家（地区）	内容
完全强制披露	美国	所有上市公司必须披露环境问题对公司财务状况的影响，公开环境诉讼相关信息
	法国	上市公司必须披露与气候变化相关的财务风险信息
	澳大利亚	披露经济、环境及社会相关风险
	中国香港	上市公司按照《环境、社会及管制报告指引》进行 ESG 信息披露，对部分指标不披露需解释

续表

披露形式	国家（地区）	内容
部分强制披露+自愿披露	欧盟	污染严重企业强制披露，其他企业自愿披露
	英国	监管机构指定公司披露ESG信息，鼓励有条件企业自愿披露ESG信息
不披露就解释	巴西	所有上市公司须发布可持续报告，如不披露报告，必须解释
	新加坡	根据ESG信息披露指引披露信息，不披露就解释

中国证监会于2016年修订了上市公司年报、半年报内容与格式准则，规定属于环境监管部门公布的重点排污单位的公司及其子公司，应当强制披露有关环境信息。2017年12月，《公开发行证券的公司信息披露内容与格式准则第2号——年度报告的内容与格式（2017年修订）》，在报告期内以临时报告的形式披露环境信息内容的，应当说明后续进展或变化情况；重点排污单位之外的公司可以参照上述要求披露其环境信息，若不披露的，应当充分说明原因；鼓励公司自愿披露有利于保护生态、防治污染、履行环境责任的相关信息。2018年9月，《上市公司治理准则》第八十七条规定，上市公司在保持公司持续发展、实现股东利益最大化的同时，应关注所在社区的福利、环境保护、公益事业等问题，重视公司的社会责任。

上海证券交易所于2008年5月发布《关于加强上市公司社会责任承担工作暨发布的通知》，要求上市公司加强社会责任承担工作，并及时披露公司在员工安全、产品责任、环境保护等承担社会责任方面的做法和成绩，并对上市公司环境信息披露提出了具体要求。2019年3月，《上海证券交易所科创板股票上市规则》规定，上市公司应当在年度报告中披露履行社会责任的情况，并视情况编制和披露社会责任报告、可持续发展报告、环境责任报告等文件。出现违背社会责任重大事项时应当充分评估潜在影响并及时披露，说明原因和解决方案。2020年9月，《上海证券交易所科创板上市公司自律监管规则适用指引第2号——自愿信息披露》，第十四条环境、社会责任和公司治理（ESG）规定，科创公司可以在根据法律规则的规定，披露环境保护、社会责任履行情况和公司治理一般信息的基础上，根据所在行业、业务特点、治理结构，进一步披露环境、社会责任和公司治理方面的个性化信息。

深圳证券交易所于2006年9月发布《上市公司社会责任指引》，要求上市公司积极履行社会责任，定期评估公司社会责任的履行情况，自愿披露企业社会责任报告。2015年3月，《中小板上市公司规范运作指引》规定，上市公司出现重大环境污染问题时，应当及时披露环境污染产生的原因、对公司业绩的影响、环境污染的影响情况、公司拟采取的整改措施等。2020年9月，《上市公司信息披露工作考核办法》，第十六条对上市公司履行社会责任的披露情况进行考核，重点关注以下方面：（1）是否主动披露社会责任报告，报告内容是否充实、完整；（2）是否主动披露环境、社会责任和公司治理（ESG）履行情况，报告内容是否充实、完整；（3）是否主动披露公司积极参与符合国家重大战略方针等事项的信息。上市公司发布内容充实、完整的CSR报告、ESG报告以及披露积极参与符合国家重大战略方针等事项的信息均可为公司的信息披露工作加分，并将上市公司信息披露工作考核结果记入诚信档案，通报中国证监会相关监管部门和上市公司所在地证监局。

随着国际监管趋势的发展和社会责任投资理念的普及，未来不排除监管部门进一步强化ESG信息的强制披露监管要求，上市公司应提前做好应对，建立完善的ESG治理架构。

三、绿色债券

绿色债券是政府部门、金融机构或企业等向社会募集资金，专门用于符合规定条件的绿色项目或者为这些项目进行再融资，同时承诺按一定利率支付利息并按约定条件偿还本金的债权债务凭证。绿色债券是近年来绿色金融领域大力发展的融资工具，绿色债券区别于其他债券的核心特征，是其募集的资金集中于实现绿色环境效益。

（一）界定与概述

绿色债券由世界银行和欧洲投资银行提出。2007年，欧洲投资银行率先发行了气候意识债券，这是多边机构中发行的第一只环保主题债券。该债券明确了将募集资金用于绿色项目，并设立严格的专款专用标准。2008年，世界银行发行了全球第一只绿色债券，募集资金专门应用于减缓和适应气候变化的项目。自此以后，越来越多的多边机构、政府和企业参与发行绿色债券，并由此产生绿色债券的不同定义。世界银行将绿色债券定义为一种固定收益型普通债券，它为投资者提供了参与投资绿色项目进而帮助减缓和适应气候变化的机会。经济合作与发展组织（OECD）将绿色债券定义为一种由政府、跨国银行或企业发行的，为促进低碳经济和适应气候变化的项目筹集必要资金的固定收益证券。气候债券倡议组织认为，绿色债券是为环境发展或环保项目募集资金的固定收益金融工具。

虽然定义的描述不尽相同，但各方对于绿色债券的主要特点认识基本一致，即债券工具和募集资金应当被应用于绿色项目。相对以上广义概念而言，狭义的绿色债券仅仅指的是经独立中介机构对投资项目或所涉及资产的绿色特性进行评估，并通过第三方获得绿色债券资质认证的债券。近年来，绿色债券正成为调动全球债券市场满足投资需求的有力工具,投资需求一直超过实际发行规模,成为绿色债券市场发展势头强劲的内在动因。与一般债券相比明显不同的是,绿色债券的募集资金专项用于具有环境效益的项目,这些项目以减轻和适应气候变化为主,此外绿色债券还可为绿色项目和投资者提供多方面的好处及作用。

表5.7 绿色债券对发行人和投资人的作用

对发行人的作用	对投资人的作用
提供绿色融资的新渠道及资金来源	平衡经济效益和环境效益,实现投资组合的多样化
项目和资金周期相匹配,实现更长期的绿色融资	满足环境、社会和治理(ESG)或绿色投资委托
促进投资者多样化,吸引购买并持有绿色债券的投资者	推动"绿化"棕色行业的直接投资
增强发行人的声誉,享受绿色债券发行的优惠政策	对冲气候政策风险
吸引具有强烈投资兴趣的投资者,获得超额认购	享受绿色债券现有的或预期的优惠政策

(二)标准与实践

1. 绿色债券标准

当前,国际上存在多种绿色债券认定标准,并主要采用制定绿色债券项目目录的方式,通过考察募集资金投向的项目是否符合项目目录,进而确定债券是否符合绿色债券。国际上与绿色债券目录联系较大的分类目录有绿色债券原则(GBP分类)、气候债券标准(CBI分类)、巴克莱明晟绿色债券分类等。不同机构和组织制定的绿色项目范围稍有不同,但是主要领域及产业大体相似。以绿色债券原则为例，绿色项目主要包含以下几方面，见表 5.8。

表 5.8 绿色债券项目分类

项目分类	项目范围
可再生能源	包括可再生能源的生产、传输、相关的设备及产品
能源效率	如节能建筑、能源储存、集中供热、智能电网、相关设备及产品
污染防治	包括废水处理、减排措施、温室气体排放控制、土壤修复、废料防止、废物减量、循环利用、转能、废物和再制造产生的增值产品，以及相关的环境监测分析
生物自然资源的可持续开发管理	包括可持续农业、畜牧业、渔业、水产养殖、林业（如造林和再造林）、气候智能农场投入（如生物作物保护或滴灌）、自然环境的保护与恢复等
陆地和水生生物多样性保护	包括保护海岸、海洋及流域环境生物多样性保护
清洁交通	如电动车、混合动力车、公共交通、轨道交通、非机动车辆、多式联运、清洁能源车辆基础设施和有助于减少有害气体排放的基础设施
可持续水资源管理	包括清洁水和／或饮用水的可持续基础设施、污水处理、城市可持续排水系统、河流整治以及其他形式的防洪设施等
气候变化适应	包括信息支持系统，如气候观测和早期预警系统
生态效益或循环经济适用的产品等	如开发和引进环保产品、生态贴标产品或生态认证产品、资源节约包装和配送
绿色建筑	符合地区、国家或国际认可标准或鉴定的绿色建筑

此外，绿色债券标准对募集资金管理、信息披露、环境效益评估等都有较为明确的规定，部分内容如表 5.9 所示。

表 5.9 绿色债券标准规定

标准体系	对募集资金管理的要求	对信息披露的要求	外部审查要求
绿色债券原则（GBP）	GBP 要求发行人分账户对募集资金进行管理，如将净资金存入子账户、转入次投资组合，或者以某种正式的内部流程确保针对绿色项目的信贷或投资资金流向可追溯	应提供至少每年一次的项目清单。提供项目基本信息的描述、资金分配额度以及环境效益情况	咨询审查和第三方意见、鉴证或审计、认证以及评级
其后债券标准（CBI 标准）	债券净募集资金可划拨至专项子账户，移至子投资组合，或由发行人通过恰当的方式进行追踪及归档；为制定项目资产的资金设立专项台账	要求发行人向核查机构披露债券募集资金的管理和投资的相关系统、政策和流程	与作为验证机构的保证提供者合作，进行认证程序监督

2020 年 7 月，为规范国内绿色债券市场，统一国内绿色债券支持项目，中国人民银行、国家发展和改革委员会、中国证券监督管理委员会印发《绿色债券支持项目目录（2020 年版）(征求意见稿)》公开征求意见的通知。《绿色债券支持项目目录（2020 年版）(征求意见稿)》对《绿色产业指导目录（2019 年版）》三级分类进行了细化，增加为四级分类。其中一级分类包括节能环保产业、清洁生产产业、清洁能源产业、生态环境产业、基础设施绿色升级、绿色服务六大类，与绿色产业指导目录相一致。二级和三级分类延用《绿色债券支持项目目录（2015 年版）》的基本思路，增加了《绿色产业指导目录（2019 年版）》中有关绿色农业、可持续建筑、水资源节约和非常规水资源利用的分类层级，并扩展了农业和生态保护等领域的支持项目范围。四级分类与《绿色产业指导目录（2019 年版）》的三级分类名称保持一致，基本涵盖了《绿色产业指导目录（2019 年版）》中的相关绿色产

业和项目。

2. 国际绿色债券的发展

绿色债券作为中长期金融产品，更容易被机构投资者纳入投资组合，并成为绿色金融的重要载体。自 2007 年欧洲投资银行发行第一支绿色债券以来，全球绿色债券市场快速发展，品种也逐渐丰富。按照发行主体分类，国际上绿色债券具体分为四类：多边国际金融组织发行的绿色债券、国家政策性金融机构与商业银行发行的绿色债券、地方政府或市政绿色债券、跨国企业或大型公司发行的绿色债券（见表 5.10）。

表 5.10 国际绿色债券种类区分

债券类型	首次发行	主要发行人
多边国际金融组织发行的绿色债券	2007 年 6 月，欧洲投资银行，5 年期，6 亿欧元，AAA 评级的气候意识债券	欧洲投资银行、世界银行、国际金融公司、欧洲复兴开发银行、北欧投资银行、非洲开发银行、亚洲开发银行等
国家政策性金融机构与商业银行发行的绿色债券	2012 年 4 月，南非工业发展公司（IDC），5 年期，52 亿南非兰特	南非工业发展公司、荷兰发展金融公司、德国复兴信贷银行、德国北威州银行、法国开发署、法国农业银行、挪威地方银行、韩国进出口银行、印度 Yes Bank、印度进出口银行等
地方政府或市政绿色债券	2013 年 6 月，美国马萨诸塞州，20 年期，1 亿美元	美国马萨诸塞州、南非约翰内斯堡市、美国加利福尼亚州、瑞典哥德堡、美国康涅狄格州、美国夏威夷州、加拿大安大略省等
跨国企业或大型公司发行的绿色债券	2013 年 11 月，法国电力公司（EDF），8 年期，14 亿欧元	法国电力公司、联合利华集团、丰田金融服务公司、法国燃气苏伊士集团、法国商业地产公司、阿本戈集团子公司 Greenfield 等

另外按照债券结构,《绿色债券原则》(GBP)将绿色债券分为特定收益用途绿色债券、特定收益用途绿色收益担保债券、绿色项目债券、绿色资产支持债券。按募集资金商业用途,又可分为绿色运输债券、绿色能源债券、综合型绿色债券、绿色建筑债券、绿色农林债券等。

3. 中国绿色债券的发展

近年,中国绿色债券市场继续稳步扩大,市场参与主体更加多元,绿色债券品种有所增加。2019年全年,境内主体共发行贴标绿色债券(含资产证券化)约3 849亿元,同比增长近36%。其中,154个发行主体在岸发行各类债券303只,规模合计3 001.37亿元,同比增长36.39%;14个发行主体离岸发行绿色债券24只,规模约合847.54亿元,同比增长35.43%。

表5.11　2019年绿色债券在岸发行统计

债券分类	债券规模(亿元)	债券数量(只)
金融债	833.50	31
公司债	832.17	69
企业债	473.10	38
中期票据	306.20	23
资产证券化	531.60	137
定向债务工具	16.80	3
短期融资券	5.00	1
市政债	3.00	1
合计	3 001.37	303

资料来源:中国绿色金融发展报告。

2020年，共有153个主体发行了218只绿色债券，累计发行金额2 221.61亿元，同比下降24.0%，发行主体与发行数量则分别同比上升了2.0%和8.5%，发行市场活跃度仍保持提升态势。非金融企业的绿色债券市场发行的主体地位愈发凸显，合计发行规模1 835.10亿元，全市场占比由2019年的68.4%大幅提升至82.6%。绿色公司债成为发行规模和债项数量均最大的绿色债券品种。此外，非公开发行的绿色债券规模迅速增加，合计发行89只，共计682.92亿元。其中非公开发行绿色公司债的规模最大，合计60只，共计362.30亿元。其次为绿色资产支持证券，合计22只，共计264.72亿元。

发行主体级别方面，2020年我国127家绿色债券发行主体中（不含绿色资产支持证券发行主体，下同），AAA级别主体合计37家，AA+级别主体合计32家，AA级别主体合计55家，AA−级主体2家，BBB+级别主体合计1家，另有6家主体无国内主体评级信息。

表5.12 绿色债券发行主体信用评级

类别	主体评级				债项评级			
	主体数量	占比（%）	发行规模（亿元）	占比（%）	债项数量	占比（%）	发行规模（亿元）	占比（%）
AAA	37	29.13	990.0	55.82	78	56.93	1043.6	70.56
AA+	32	25.20	320.6	18.08	41	29.93	337.3	22.80
AA	55	43.31	442.0	24.92	17	12.41	95.2	6.44
AA−	2	1.57	11.0	0.62	1	0.73	3.0	0.20
BBB+	1	0.79	10.0	0.56	0	0.00	0	0.00
未评级	6	—	110.9	—	51	—	385.43	—
合计	127	100.00	1 884.5	100.00	188	100.00	1 884.5	100.00

资料来源：Wind，中债资信。

发行利率方面,根据中债资信研究成果。2020年绿色债发行统计,45.2%的绿色债项有利率优势,整体无明显利差优势,但高级别的AAA主体绿色债利率优势更明显。中债资信选择样本数量相对更多的AA级及以上级别的主体发行的绿色债项(共计177只)进行统计。总体而言,177只绿色债券中,共有80只绿色债券发行利率低于同期市场利率,债项数量占比45.2%,低于2019年57.3%的比例;97只绿色债券发行利率高于或等于同期市场利率;整体发行利率高于市场利率10.3BP,已无利差优势,而2019年尚存27.0BP的利差优势。

绿色债券的主体级别与利差关系方面,AAA级别主体的绿色债券低于同期市场利率的债项数为45只;而AA+与AA级别主体的绿色债券低于同期市场利率的债项数仅12只和23只。由此可见,AAA主体发行绿色债券仍具有较为明显的利差优势,但AA+、AA级别企业发行的绿色债券无明显利差优势。

(三)发行条件与流程

1. 发行条件

绿色债券的多数发行要求同普通债券基本相同,但具有绿色属性这一特殊性质,以及金融监管部门对于绿色债券的一些特殊规定,其发行仍有值得特别注意的地方。以绿色金融债券为例,在发行主体、申报材料、第三方认证等方面的具体要求如下:

2015年12月22日,中国人民银行出台《中国人民银行公告【2015】第39号》及《绿色债券支持项目目录》,在《中华人民共和国中国人民银行法》《全国银行间债券市场金融债券发行管理办法》的基础上,对绿色金融债券的发行提出特殊的要求,具体包括发行主体、申报文件、第三方认证、募集资金、信息披露等方面的规定。绿色产业项目范围主要参照《绿色债券支持项目目录》。

发行主体：金融机构法人发行绿色金融债券的条件与普通金融债券略有差异。绿色金融债券发行人最近一年应为盈利状态（开发性银行、政策性银行除外），这与《全国银行间债券市场金融债券发行管理办法》的规定有所不同；具有完善的绿色产业项目贷款授信、风控、营销等制度规定和成熟的业务团队。

申报材料要求：除满足发行申请报告、财务报告、审计报告的要求外，应当额外向中国人民银行报送发行绿色金融债券申请报告、绿色金融债券募集说明书以及募集资金投向绿色产业项目的承诺函。

鼓励第三方认证：根据《中国人民银行公告【2015】第39号》，不仅在绿色金融债券发行时，鼓励发行人提交独立的专业评估或认证机构出具的评估或认证意见，而且在绿色金融债券存续期内，也鼓励发行人按年度向市场披露第三方认证报告，对绿色金融债券支持绿色产业项目发展及其环境效益影响等实施持续跟踪评估。尽管法规并未对第三方认证进行强制要求，仅是以鼓励的方式提出，但市场上大多数绿色债券都进行了第三方认证，向市场表明其债券绿色属性的可靠性。若缺乏第三方认证，在信息不对称的情况下，市场将有理由怀疑发行人所发行绿色债券同普通债券的区别，导致发行人可能无法享受到绿色债券相对于普通债券的优势。

募集资金管理：绿色金融债的发行人应当开立专门账户或建立专项台账，对绿色金融债募集资金的到账、拨付及资金收回加强管理，保证资金专款专用，在债券存续期内全部用于绿色产业项目。在资金用途方面，绿色金融债的发行人应当在募集说明书承诺的时限内将募集资金用于绿色产业项目。募集资金闲置期间，发行人可以将募集资金投资于非金融企业发行的绿色债券以及具有良好信用等级和市场流动性的货币市场工具。

信息披露要求：绿色金融债发行人应当按季度向市场披露募集资金使用情况。发行人应当于每年 4 月 30 日前披露上一年度募集资金使用情况的年度报告和专项审计报告，以及本年度第一季度募集资金使用情况，并将上一年度绿色金融债券募集资金使用情况报告中国人民银行。

政策支持：发行人发行的绿色金融债券，可以按照规定纳入中国人民银行相关货币政策操作的抵（质）押品范围。

2. 发行流程

绿色债券的吸引力主要表现在其框架结构、关键要素以及流程等方面。从满足相关的发行条件到绿色债券的注册发行以及后期的监管披露等，绿色债券与普通债券处于相同的法律监管框架，除受到相同的法律法规以及财务要求的制约外，还应当遵循《绿色债券框架》，它为发行人提供了额外的、严格的信息披露流程。绿色债券发行流程如图 5.3 所示。

发行前阶段	启动阶段和发行	发行后阶段
·满足相关先决条件 ·制定绿色债券框架 ·外部评定绿色债券框架 ·建立管理募集资金的结构 ·及时的信息披露 ·制定销售战略 ·准备相关文件与尽职调查	·债券销售方案的策划及评估 ·国内市场发行绿色债券 ·国际市场发行绿色债券 ·定义债券类型和结构 ·绿色债券的营销 ·激励机制的考量 ·注册发行债券	·公告绿色债券的发行 ·簿记建档 ·绿色债券定价 ·进行交易	·募集资金管理 ·在证券交易所挂牌绿色债券 ·监测和报告所筹资金的使用和环境影响 ·获得发行后的外部评审 ·二级市场交易 ·债券偿付

图 5.3 绿色债券发行流程

发行前阶段：发行者决定发行绿色债券时应满足三个先决条件，即债券发行募集的资金应为符合相关绿色标准界定的项目提供融资或再融资。权衡发行成本，具体包括发行及持续追踪、监控和报告的成本；与"漂绿"有关的声誉风险；环保认证监控日趋严峻的合规风险；违反绿色条款的潜在违约金，以保证该绿色债券应为资产或项目筹集资金的最佳工具。发行机构必须满足债券发行需要遵守的所有法律法规、监管要求和财务披露等先决条件并确定债券承销商。

制定绿色债券框架：该框架描述了债券的绿色特征以及发行人对投资者的承诺，通常由发行人与环境顾问等基于一个标准化的模板联合制定。大体内容包括详细阐述发行人定义合格绿色项目或资产类别、建立符合发行人投资组合要求的项目、管理募集资金和进行披露的内部流程的方法。此外，发行人还需要考虑到环境法规、具体环境政策等。同时，项目评估和遴选的程序也都记录在绿色债券框架内。

外部评定绿色债券框架：指发行人将绿色债券框架与相关文件交由第二方意见提供方、第三方审计师或绿色债券认证机构进行外部评估。通过对发行人绿色债券框架的独立审查，可以为投资者提供透明可靠的项目信息，有助于投资人投资于超越国家标准的项目，或投资于具有特殊环境和程序特征的绿色债券。

建立管理结构：在发行人的绿色债券框架定义的步骤中，绿色债券发行人需要开立单独的专门专户或专项台账或建立其他程序，以确保能追踪债券募集款项的使用情况。理想情况下，绿色债券框架中会规定结算期内的资金分配、暂时的合格投资工具和资产，以确保排除非绿色项目和资产。

信息披露：发行普通债券时，投资者不会要求得知任何有关募集资金使用的信息，但发行绿色债券时，发行人将募集资金只用于具有环境效益的项目或项目分类，因此投资者期望能定期地（通常为每年一次）获悉他们的资金被用于何处。

四、绿色保险

绿色保险是为解决因经济社会活动中的环境问题衍生的环境风险而提供的一种保险制度安排,包括与农业等社会生产领域相关的创新保险模式来实现改善环境的险种。绿色保险能有效调动多方力量,有效防范环境责任风险、分担损害赔偿责任、保障受害者合法权益,在保护并改善环境、促进绿色经济发展、支持生态文明建设方面发挥积极作用。

(一)界定与概述

1. 定义与特征

绿色保险的学术讨论多涉及环境侵权责任社会化和环境污染成本内部化。前者是指把单个个体的环境侵权所发生的损害视为社会损害,并通过一定的损害赔偿机制由社会上不特定的多数人来承担和消化。环境污染是伴随社会进步、经济发展不可避免的"副产品",在企业的日常经营中,即便是在完全符合排污标准的情况下,也不可避免会产生环境污染;另外,排污企业在生产发展过程中所产生的利益的受益者也不仅是排污企业本身,还包括其周围社区甚至整个社会上不特定的多数人,如排污企业向社会提供丰富的物质产品和精神产品,既然利益由社会共享,那么责任也应由社会共担,但应当在区分各主体责任大小的前提下。

环境污染具有典型的外部性,企业在进行生产经营过程中,无偿开发或利用环境资源,产生环境污染,破坏了生活在企业周围甚至更广范围内的公民的良好生活环境。企业一部分的收益是建立在对其他主体产生负面影响的基础上的,但企业并没有为此承担全部成本。这种收益与成本的不匹配性不能通过市场价格反映出来,通常需要政府进行干预。政府进行干预的实质就是将环境污染成本内部化。

绿色保险作为创新的险种,就是谋求经济、社会与自然环境的协调发展,制衡不断出现的环境恶化和环境污染,控制重大自然灾害的发生。

2. 绿色保险作用

分担环境污染损害赔偿责任,保护市场主体生产和再生产的顺利进行。在工业化进程中,企业生产经营过程不可避免地发生各类责任事故,其中环境污染事故造成的损害影响范围较大且赔偿额度较高。履行环境污染赔偿责任可能会导致企业背负沉重的财务负担,甚至遭受破产风险打击。通过保险机制将环境污染损害赔偿责任风险转移给保险公司,企业可将因潜在环境污染风险而可能承担的高额赔偿责任转化为固定的保费支出。当环境污染事故发生时,保险赔偿机制可以避免责任事故高额赔偿支出对企业经营造成重大冲击,使企业在履行赔付责任后尽快恢复生产经营活动。

抑制对污染项目的过度或盲目投资。强化环境污染风险事前和事中管理,从源头上提高企业防止和避免环境污染事故发生的能力,强制性的环境责任保险作为一种环境风险治理机制,对企业和投资股东来说,可以通过保费将未来的或现有环境成本显性化,迫使投资者重新评估该项目的成本收益比,有助于抑制对污染项目的过度投资。另外,保险公司可以通过积极的事前干预和过程控制,督促企业生产过程达到环保标准,最大程度降低环境污染事故发生概率。事前事中管理的具体内容包括,设定承保环境污染责任保险前置条件,评估企业环境污染风险等级;建立与企业环境污染风险等级挂钩的费率调节机制,以费率为杠杆激励企业改进生产工艺,提高污染治理水平,提高资源能源利用效率；建立环境污染风险监督检查机制，通过过程监控及时发现潜在的风险点并提出改进建议，督促投保企业持续提升环保治理能力。

提供环境污染损害经济赔偿。确保环境污染事故受害群体能够及时得到补偿。从环境污染事故的事后救济环节看，由于缺乏完善的环境侵权救济保障措施、污染事故责任主体自身赔偿能力有限等原因，事故责任主体的经济赔偿责任无法及时兑现，导致受害人的权益无法得到及时必要的补偿。特别是发生恶性突发环境污染事件之后，如果大量受害人无法及时得到经济补偿，甚至可能引发群体事件，影响社会稳定。绿色保险机制下，保险公司作为环境污染损害赔偿的最终承担方，及时向受害人支付赔偿金，为环境污染突发事件的妥善处置提供支持，能打破"企业污染、群众受害、政府埋单"的困局，并能有效缓解和减少环境事件引发的矛盾纠纷，同时降低政府面临的或有财政风险。

（二）制度与实践

发达国家环境责任保险和绿色保险制度已进入较为成熟阶段，并成为各国通过社会化途径解决环境赔偿问题的主要方式之一。目前国际上环境污染责任保险存在三种比较典型的模式，分别是以美国为代表的强制保险的制度，以德国为代表的强制责任险与财务保证或担保相结合的制度，以英国、法国和日本为代表的自愿保险为主、强制责任保险为辅的制度。

1. 美国绿色保险

以美国为例，绿色保险最初由商业责任保单所承保，即它并未被列为除外责任。在过去的二十余年里，许多重大案例导致保险人在商业责任保险中加入关于污染的特殊除外条款。反之保险人开始对环境责任风险提供特定的保障。

绿色保险分为各种不同的类型，见表5.14。一般而言，所有的绿色保险都有相同的基本结构，并包含三个基本要素：对未知或已知特定类型污染的保障；保障条件；除外条件。保单一般以索赔为基础，这意味着保单只会在下列情况下提供赔付：针对被保险人，或者污染在保险期间由被保险人发现；被保险人在保险期给予保险人赔付或污染的书面声明。

表5.14 美国环境责任保险类型

保单	保障描述
法定污染责任保险	保障范围涵盖保险财产的清理，包括对未知或某些条件下的已知污染进行自愿清理和/或强制清理；以及保单生效后的清理费用，还包括防护费用。保障范围扩展至第三方的身体损伤或财产损失，也可能包括污染导致的收入损失或者租赁费用
清理费用上限保险	包括对未曾预料清理费用增加的保障。典型的保障仅在发生无法识别的污染、污染超过估计状况、法规要求变更或补救计划失效时才触发。这些保障并不包括防护费用，也将保单中未特别提及的污染类型排除在外
综合污染责任保险及清理费用上限保险	上述两类的混合
费用上限保单	①这是一种"止损型"保单，承保已经发现的污染清理费用超过预期的部分。保险人和被保险人会事先商定一个限额，由于以下原因清理费用超过限额的部分由保险人承担：成本上升、法规或者规范的变化、发现更多的污染（数量/种类） ②将传统环境保险与自保相结合。被保险人和保险人就污染清理费用达成一致，被保险人确认一笔较大免赔额或自留额（止损额），保险人承担所有超过止损额的清理费用，至保单限额为止

续表

保单	保障描述
贷款人污染责任保险	①如果在保险期内，贷款人由于抵押物的污染而被起诉，保险人要补偿贷款人的诉讼费用，并支付索赔 ②如果在保险期间发生污染事故并且借款人违约，保险人将代借款人向贷款人支付未偿的债务，这种保单称为"贷款余额"保单；或者保险人向贷款人支付贷款余额和清理费用中的较少的那个，这种保单称为"较小者"保单

2. 德国环境责任保险

德国环境污染责任保险起初采取强制责任保险与财务保证或担保相结合的制度。自1990年12月10日《环境责任法》通过和实施后，德国开始实施强制环境损害责任保险，要求其国内所有工商企业必须投保，以使受害人能及时得到损害赔偿。此法还以附件方式列举了存在重大环境责任风险的设施名录。

为确保环境污染受害人能够得到赔偿，以及加害人能够履行其义务，德国《环境责任法》第19条明确规定：列入特定名录设施的经营者必须采取责任保证措施，包括与保险公司签订损害赔偿责任保险合同，或由州、联邦政府、金融机构提供财务保证或担保。如果经营者未能遵守提供保险等财务保证的规定，或者未向主管机关提供其已经做出保险等财务保证的证明材料，主管机关可以全部或部分禁止其设施的运行。

从保险范围和责任免除来看，德国起初对渐进性污染引起的损失责任不予保险，并将其列为责任免除。从1965年起，保险责任范围逐渐扩大。1978年后，保险人又同意对大气和水污染造成的财产损失赔偿责任承保，但如果责任事故发生在被保险企业地域之外，可预见的经常排放物引起的损失仍列为除外责任。总体而言，德国模式保障范围有限，它主要参照常规责任保险的保障范围，并针对欧盟指令的额外保障，未广泛实行强制保险。

德国《环境损害赔偿法》规定，保险金额不得少于5 000万马克（约2 556万欧元）。若干特定种类的营运设施，因其危险性高低有别，联邦政府可以规定最低保险金额，但最低不得少于1 000万马克（约合511万欧元）。

3. 英法环境责任保险

法国以任意责任保险为原则，法律特别规定实行强制责任保险除外。法国在20世纪60年代还没有专门的环境污染损害保险，对企业可能发生的突发性水污染事故和大气污染事故，以一般的责任保险加以承保。直到1977年，法国保险公司和外国保险公司成立了污染再保险联盟以后，制定并推行了污染特别保单。同时，将承保的范围由偶然性、突发性的污染损害事故扩展到渐进性环境污染所造成的环境损害。在环境责任保险制度中，以任意性保险为原则，采用非特殊机构承保，但在参与的国际公约范围内实行强制性保险。英国于1965年发布的《核装置法》规定，安装者必须负责最低限额为500万英镑的核责任保险。英国作为《国际油污损害赔偿民事责任公约》和《设立国际油污损害赔偿基金国际公约》的成员国，在海洋油污损害赔偿领域也实行强制性环境责任保险。

（三）发展与保障

我国相关部门出台了一系列推进环境污染责任保险发展的政策法规和规范性文件，2006年《国务院关于保险业改革发展的若干意见》明确提出，要采取市场运作、政策引导、政府推动、立法强制等方式，发展环境污染责任保险业务。在此基础上，原国家环境保护总局与原中国保监会于2007年联合下发了《关于环境污染责任保险工作的指导意见》，在湖南、江苏、湖北、上海、重庆、沈阳、昆明、深圳、宁波等十个省市的重点行业和区域开展了环境责任保险试点。

面对环境风险管理要求，在前期试点基础上，2013年原环境保护部和原中国保监会联合发布了《关于开展环境污染强制责任保险试点工作的指导意见》，在涉重金属企业、石油化工等高环境风险行业以及按地方有关规定已被纳入投保范围的企业中开展环境污染强制责任保险试点，对保险条款和保险费率、环境风险评估和投保程序、理赔机制、争议处理、信息公开以及促进企业投保的保障措施等方面进行了规定。

2014年8月，国务院办公厅发布了《关于加快发展现代保险服务业的若干意见》，提出要发挥责任保险化解矛盾纠纷的功能作用；强化政府引导、市场运作、立法保障的责任保险发展模式，把与公众利益关系密切的环境污染、食品安全等领域作为责任保险发展重点，探索开展强制责任保险试点；提出推动保险服务经济结构调整；建立完善科技保险体系，积极发展适应科技创新的保险产品和服务，推广国产首台首套装备的保险风险补偿机制，促进企业创新和科技成果产业化；提出完善对农业保险的财政补贴政策，进一步拓宽了绿色保险的内涵。

2015年6月，中共中央办公厅、国务院办公厅印发了《关于加快推进生态文明建设的意见》，首次在中央和国务院层面明确提出要深化环境污染责任保险试点，建立巨灾保险制度。2015年9月，中共中央办公厅、国务院办公厅印发了《生态文明体制改革总体方案》，提出要在环境高风险领域建立环境污染强制责任保险制度。2015年4月，国务院印发《水污染防治行动计划》，鼓励涉重金属、石油化工、危险化学品运输等高环境风险行业投保环境污染责任保险。作为环境污染责任保险重要的配套支撑措施，我国于2015年开始建立生态环境损害赔偿制度。

2017年12月,中共中央办公厅、国务院办公厅印发了《生态环境损害赔偿制度改革方案》。自2018年1月1日起,全国试行生态环境损害赔偿制度,到2020年力争在全国范围内初步构建责任明确、途径畅通、技术规范、保障有力、赔偿到位、修复有效的生态环境损害赔偿制度。

2016年,《关于构建绿色金融体系的指导意见》对发展绿色保险提出了明确要求,在环境高风险领域建立环境污染强制责任保险制度。按程序推动制修订环境污染强制责任保险相关法律或行政法规,由环境保护部门会同保险监管机构发布实施性规章。选择环境风险较高、环境污染事件较为集中的领域,将相关企业纳入应当投保环境污染强制责任保险的范围。鼓励保险机构发挥在环境风险防范方面的积极作用。

1. 绿色保险发展现状

环境污染责任保险覆盖范围继续扩大。2019年,环境污染责任保险在31个省(自治区、直辖市)开展试点,涉及重金属、石化、危险化学品、危险废物处置、电力、医药、印染等20余个高环境风险行业。环境污染责任保险服务企业1.57万家,提供风险保障531.1亿元,同比增长32.23%。

巨灾保险为应对气候变化相关风险提供保障。巨灾保险是有效应对气候变化相关风险的重要工具。2019年,中再集团发布我国首个经中国地震学会认证、拥有自主知识产权且可商业应用的"中国地震巨灾模型",创新推出中国台风巨灾模型1.0版本。中再产险在湖北省、广东省等地的多个项目再保险方案正式落地,提供风险保障超过6亿元。

涉农保险创新发展。在涉农领域，保险公司配合养殖企业农户做好病死猪无害化处理，助力非洲猪瘟疫情防控工作。银保监会不仅指导保险公司将无害化处理作为理赔前提条件，规范病死猪查勘操作程序，严防病死猪进入猪肉流通市场，同时还支持保险公司参与防疫体系建设。

支持绿色建筑发展。如北京市推出绿色建筑性能保险。该险种以市场化手段保证绿色建筑实现预期的运行评价星级标准，推进绿色建筑由绿色设计向绿色运行转化。由保险公司组织第三方绿色建筑服务机构为开发企业建设绿色建筑的全过程提供专业技术支持和风险管控服务，以最大程度确保建设项目达成预期绿色建筑运行星级目标，并由保险公司提供风险保障，一旦后期建设项目未能达到预定的绿色建筑运行星级，可用于支付绿色改造成本或无法改造时的赔偿金。

此外，在绿色金融改革创新试验区中，各试点地区也探索出不同类型的保险产品，丰富绿色保险体系。

表5.15　浙江省绿色金融产品和服务清单（绿色保险部分）

保险产品或服务名称	产品或服务介绍	适用对象	申请条件
养殖业保险（龙游模式）	龙游模式的生猪养殖保险将生猪保险与病死动物无害化处理联动，实现了承保全覆盖、理赔无死角、定损更科学、流程无缝高效的目标，已推广至全省。目前，正将经验在全省推广至养鸡、养鸭、养羊等养殖业保险	养殖企业、养殖用户	在当地饲养，经畜牧兽医部门验明无伤残，无本保险责任范围内疾病；管理制度健全，饲养圈舍卫生，能按所在县（市、区）畜牧防疫部门审定的免疫程序接种且有记录；饲养场所在当地洪水水位线以上的非蓄洪、行洪区

续表

保险产品或服务名称	产品或服务介绍	适用对象	申请条件
安环保险	针对企业需求,将保险责任扩展至安全生产事故责任、环境污染事故责任和危险品运输责任,涵盖了化工产业上下游的主要风险;并针对企业生产、运输、仓储等全流程风险提供菜单式选项,新增危化品运输车辆超额保障等,以"保险+风控"为重要抓手,补齐全流程风险监控与事故风险保障的短板,综合治理安全生产与环境污染风险	化工企业	提出投保申请,经保险人审核同意,缴纳保险费即可投保
环境污染责任险	以企业发生污染事故对第三者造成的损害依法应承担的赔偿责任为标的的保险。保险责任涵盖:第三者责任、清污费用、紧急应对费用、法律费用	企业、机关、事业单位和社会法人	依法设立并符合国家环评标准、经营场所及设备经有关环境保护管理部门验收合格、提出投保申请,经保险公司核保通过缴纳保险费即可
绿色企业安全生产	绿色企业发生生产安全事故,对其造成的死亡、伤残等承担赔偿责任的保险,保险责任也可以扩展至对环境污染造成的损失	绿色企业	提出投保申请,经保险人审核同意,缴纳保险费即可投保

五、完善中国绿色金融政策框架

我国绿色金融已取得了一定的成效,但发展的过程中仍存在一些深层次问题。比如,如何界定绿色产业和绿色客户(绿不绿)?如何做绿色评级(有多绿)?是否所有的绿色企业都是一样绿(绿多久)?

此外绿色金融的收益和成本估算等还都比较粗浅。举一组有关绿色信贷的数据：截至2020年末，中国绿色贷款余额近12万亿元，但只占到贷款总额5%左右。其他90%的贷款如何转绿？有关机构已经做了很多工作，但银行如何为企业授信和定价？绿色信贷的发展仍然存在瓶颈。此外，绿色债券发展迅速，但比重也很低。据气候债券倡议组织数据，2020年全球累计绿色债券发行额达到创纪录的2 695亿美元。中国共有153个主体发行了218只绿色债券，累计发行金额2 221.61亿元，约占同期全球绿色债券发行规模的11.9%，这只占到同期中国债券余额的0.4%左右。

未来发展绿色金融需要做好以下几方面工作：一是建立更完善的绿色金融标准，使金融机构对绿色项目认证能够快速准确界定；二是金融机构应该增强识别绿色项目的能力，提高业务能力，解决辨别项目的绿色程度较弱、造成投资和业务意愿不强的问题；三是绿色金融体系应该进一步创新、发展更多的工具和产品，应对市场需求。

（一）优化绿色金融标准

构建绿色金融标准体系是绿色金融顶层设计环节中的重要一环，也是我国绿色金融跨越式发展的主要支柱之一。近年来，人民银行等主管部门聚焦气候变化、污染治理和节能减排等领域，不断完善绿色金融标准体系，为规范绿色金融业务、确保绿色金融实现商业可持续性、推动经济社会绿色发展提供了重要保障。但在具体操作过程中，仍面临绿色项目及客户的认定问题，仍存在绿不绿、有多绿的问题。绿色金融体系的不完善也导致绿色项目识别难、口径不一，造成金融机构无所适从，更无法给予精准支持。随着"碳达峰、碳中和"目标的提出，对绿色金融标准体系的构建也有了新的要求，完善绿色金融标准成为推动绿色金融发展的重点。

一是制定具有通用性的绿色产业、项目目录。在现有文件的基础上，从全国层面上制定具有通用性的、统一的绿色产业、项目目录，形成对债券、信贷、股票、基金、保险等领域具有普遍适用性的指引。2019年，国家发展和改革委员会、人民银行等七部委已联合发布《绿色产业指导目录》（2019版）。当前，该指导目录需要结合"碳达峰、碳中和"战略目标进行调整，同时在产业指导目录的基础上，编制完善各行业及各领域的子目录，以及目录应用的具体应用指南及具体应用配套标准体系等，进一步明确绿色金融的项目范围和支持重点，也为各类金融机构和市场主体提供了更为清晰的绿色金融支持对象。

二是加强绿色金融标准在金融领域的应用推广。首先，让环保"领跑者"带动供应链上下游的中小企业共同参与实施绿色金融标准，让整个供应链成为绿色供应链。其次，推动绿色金融标准在金融机构绿色信贷行为评价中的应用，通过分析银行对绿色信贷业务管理标准的执行情况，考察银行绿色信贷能力建设的实际状况和成效，为人民银行、财政部门制定配套激励和约束措施提供参考依据。再次，把绿色金融标准建设和绿色征信体系建设结合起来，将绿色属性认定结果、环境评价结果等列入全国金融信用信息基础数据库和各地中小企业信用信息与融资对接平台，支持金融机构增加对绿色产业、企业和项目的信贷投放。

（二）强化能力完善认证

进一步提升金融机构在绿色金融产品开发、环境风险管理、绿色可持续投融资等方面的能力和水平等。主要提升金融机构对绿色项目的识别能力，由于绿色金融业务涉及对融资对象环保信息的判断、环境风险的评估和金融产品的定价，提升金融机构环保技术、法规和金融兼备的复合型能力来实施。需要相关金融机构培养复合型人才，同时完善绿色金融相关配套体系，将绿色金融要求嵌入尽职调查、项目评估、评级授信、审查审批、合同签订、资金拨付以及贷、投后管理等全流程各环节。完善组织管理机制，将绿色金融业务指标纳入年度综合经营计划，加大资源倾斜保障力度，将绿色金融业务指标完成情况和完成质量纳入日常监测，将绿色信贷指标纳入年度 KPI 考核体系等一系列配套措施。

完善和细化第三方评估认证标准。编制公开、透明、统一的绿色评估认证大纲，对绿色评估认证机构所采用的评估认证方法、标准、程序予以明确。按照绿色评估认证大纲，细化提出一套既含定性指标，又有定量指标的绿色评估认证指标体系，以此对绿色评估认证机构和行为进行规范管理，尽可能缩小绿色评估认证结果在不同机构间的差异、提升绿色评估认证的公信力。

（三）创新产品鼓励披露

进一步丰富支持绿色产业特别是低碳转型产业的金融产品及工具。一是创新绿色信贷。研究绿色产业发展的融资需求，出台科学有效的绿色信贷解决方案，完善绿色信贷产品及服务体系。二是发展绿色保险。创新绿色保险产品和服务，鼓励保险公司设立绿色金融特色机构或专业团队助力绿色保险发展。三是发行绿色债券。完善基本定义、创新审核标准、严格发行制度、出台激励措施，提升中长期信贷投放能力，拓展新的绿色融资渠道。

制定更加科学的绿色金融信息披露指引，在信息披露内容、格式、时点等方面制定更加细化的披露标准。在信息披露方式上，采用企业自行披露和独立第三方核证相结合的形式，鼓励第三方机构依据绿色金融信息披露指引，开发基础、通用的环境效益测算模型，对绿色企业的环境绩效和绿色项目的环境效益进行科学评估。

第六章

转型投资

我们能将人类送上月球——这种夸耀性的思维方式往往掩盖了事情的真相——制造火箭与建造适合人类居住的社区,从本质上来说是完全不同的两种努力:前者需要的是技术聚焦,后者则必须采用全局性的观念。建造一个适合人类居住的世界并不是火箭科技,而是比这要远远更复杂的事情。

——E. 艾尔斯(Ed Ayres)《世界观察》杂志编辑

新冠肺炎疫情在全球爆发以来，政府、投资者和公众都把这场危机看作是可持续发展的警钟，会成为绿色投资的一个重要的转折点。绿色转型投资的核心利益源于限制传统技术的运用，本质上是要控制二氧化碳的排放量，在碳达峰、碳中和的大背景下，投资者更愿意投资富有前景的低碳、零碳和负碳技术。

站在权益金融的绿色投资的角度，实体企业所推动的新兴技术在发展路径上需要遵循一定的客观规律，当前与低碳发展相关的新兴产业和能源清洁化技术，多数还未真正进入稳定成熟期，与传统高碳产业相比，不仅在成本上不具备竞争优势，技术上也不具有稳定性，具有较大的不确定性，隐含的风险使得投资人对投资回报率提出更高的要求。因为金融投资对资产价值的评估主要是基于未来现金流折现（DCF）模型，而资本所要求的投资回报率，在金融机构的具体实践中一般会使用资本资产定价模型（CAPM），并参考金融资产的市场价格、风险水平而进行设定。在上述估值体系的框架内，低碳时代对估值模型的假设、模型的输入和输出项所带来的新变化，需要根据市场环境进行相应调整，投资价值分析和资产配置策略也需要在应对气候变化的大背景下做出合理的设定，从而更好地践行价值投资的原则。

一、能源清洁和可再生

人类社会现有的最容易使用的能源来自煤、石油、天然气，可开采的地球表层系统的资源总量的有限性决定了人类可利用的能源总量的有限性。化石燃料如煤炭、石油和天然气等将被人类消耗殆尽，是不可再生的能源，给予我们能量和发展，但其产生的二氧化碳也确实给全球的环境造成了不可逆的伤害。加速能源转型是保持可持续发展的关键，投资行业未来的风口必然也与国内目前碳达峰、碳中和的基调相一致。

一次能源即天然能源，指在自然界现成存在的能源，如煤炭、石油、天然气、水能等。与其对应的是二次能源，指由一次能源加工转换而成的能源产品，如电力、煤气、蒸汽及各种石油制品等。可再生能源主要是来自地球表层系统的外部环境（大气圈以上的宇宙空间以及岩石圈以下的地球内部圈层）的能源，例如太阳能、风能、潮汐能（由太阳和月球万有引力作用产生）、地热能等。可再生能源可以持续不断地从环境中补充，是一种取之不尽、用之不竭的能源。可再生能源具有巨大的减碳潜力，能够带来更广泛的经济和环境效益。现在，全球各国都在加快布局可再生能源应用。根据国际能源署（IEA）发布的2019世界能源展望，过去十年全球可再生能源的利用率有显著的提升，尤其是光伏与风力发电。2018年可再生能源发电量增加了450 TWh[*]，相比2017年增加7%，同年可再生能源发电装机容量增加了180 GW[**]，这归因于光伏与风力发电技术成本的下降，可见可再生能源技术的投资对于能源转型将发挥巨大的推动作用。

目前可再生能源的投资非常火热。世界可再生能源项目投资额从2009年的900亿美元，增加到2020年的1 500亿美元，2030年将进一步增加至2 000亿美元。2020年世界可再生能源发电占发电装机总

---

* TWh：一万亿瓦特时。
** GW：十亿瓦特。

量的比重由 13% 上升至 22%，2030 年将进一步增加至 31%。

（一）清洁发电和可再生能源

2019 年，我国清洁和可再生能源（电力）投资为 2 959 亿元。2020 年，我国清洁和可再生能源发电投融资的总资金需求为 3 926.5 亿元，相较于 2019 年增加 32.7%。这表明我国清洁和可再生能源发电投融资资金稳定且呈现小幅度波动趋势。2020 年，水电、核电以及太阳能发电的投资相比于 2019 年有所上升，风电发电的投资有所下降，生物质能投资持平。由于风电装机单位投资成本的下降，加之容量增加的幅度保持稳定，风电发电所需的资金规模预计将降低，水电装机容量将有较大幅度提升。但与世界可再生能源投资额和发电占比相比还是有一定差距。

1. 清洁和可再生能源（电力）投融资现状

2019 年底，我国清洁和可再生能源（电力）发电装机达 7.94 亿千瓦，同比增长 9%；其中，水电装机 3.56 亿千瓦、风电装机 2.1 亿千瓦、光伏发电装机 2.04 亿千瓦、生物质发电装机 0.23 亿千瓦、核电装机 0.49 亿千瓦，分别同比增长 1.1%、14.0%、17.3%、26.6% 和 8.9%。可再生能源发电装机约占全部电力装机的 39.5%，同比上升 1.1 个百分点，可再生能源的清洁能源替代作用日益凸显。

从生产端看，2019 年我国电力延续了绿色低碳发展趋势，非化石能源发电装机和发电量均保持较快增长。2019 年，全国风电新增并网装机 2 574 万千瓦，累计装机 2.1 亿千瓦。2019 年，全国风电发电量 4 057 亿千瓦时，首次突破 4 000 亿千瓦时，同比增长 10.9%；平均利用小时数约 2 082。全国风电弃风电量 169 亿千瓦时，同比减少 108 亿千瓦时，平均弃风率为 4%，同比下降 3 个百分点，继续实现弃风电量和弃风率的"双降"。国家统计局发布的数据显示，2019 年全国水电装机容量 3.56 亿千瓦，完成投资 814 亿元。截至 2019 年底，我国投入商业运行的核电机组共 47 台，装机容量达 0.49 亿千瓦（额定装机容量）。2019 年核电完成投资 335 亿元，为近年核电投资较低水平。

我国 2018—2019 年清洁和可再生能源发电投资与装机容量如表 6.1 所示。

表 6.1　我国 2018—2019 年清洁和可再生能源发电投资与装机容量

利用能源类型	2018 年		2019 年	
	完成投资（亿元）	装机容量（亿千瓦）	完成投资（亿元）	装机容量（亿千瓦）
水电（含抽水蓄能）	674	3.52	814	3.56
风电	642	1.84	1 244	2.10
核电	437	0.45	335	0.49
太阳能发电	174.55	1.74	116	2.04
生物质发电	1403	0.18	450	0.23
合计	3 330.55	7.73	2 959	8.42

2. 清洁能源和可再生能源（电力）投融资趋势

预计"十四五"期间全社会用电量延续平稳增长。在没有大范围极端气温影响的情况下，总体常规电源建设年度投资整体将保持低位稳定水平，以"风电"及"光伏"为代表的可再生能源投资将在高位水平发展。

初步预测"十四五"期间的清洁能源发展主要数据如下：2020 年常规水电与抽水蓄能电站装机达到 3.80 亿千瓦，"十四五"期间水电投资增加约 8 000 亿元。2020 年，中国累计风电并网容量已达到 2.40 亿千瓦左右，"十四五"期间中国风电新增装机在 2 亿—3 亿千瓦左右。核电"走出去"战略进展顺利，特别是与"一带一路"相关国家和地区开展了多项合作。2020年底，中国核电净在运装机容量将略高于0.55亿千瓦。"十四五"期间核电投资预计增加超过2 000亿元。2020年，光伏装机容量达2.30亿千瓦，光伏投资成本步入快速下降通道，成为可再生能源中最具有竞争力的能源。生物质能发电投资热情迅速高涨，2020年装机容量新增0.05亿千瓦，"十四五"期间生物质能发电新增投资也接近2 000亿元以上。

表6.2 我国2020年清洁和可再生能源发电投融资需求以及装机容量

单位：亿元，亿千瓦

利用能源类型	资金需求	装机容量
水电（含抽水蓄能）	1 692	3.80
风电	1 120	2.45
核电	508.5	0.55
太阳能发电	156	2.30
生物质发电	450	0.28
合计	3 926.5	9.38

（二）生物质开发利用（非电力）

2019年，我国生物质开发利用（非电力）投资约为455亿元，较2018年增加了51.7%。2020年，我国生物质开发利用（非电力）的资金需求为1 256.8亿元。生物质开发利用（非电力）投融资资金实现大幅增长，无害化处理设施建设和规模化大型沼气工程逐渐成为生物质能重要发展方向，"十四五"规划也明确提出了推动可再生能源非电利用的发展方向，因此生物质开发利用（非电力）投资前景十分乐观。

生物质能是重要的可再生能源，具有绿色、低碳、清洁、可再生等特点。加快生物质能开发利用，是推进能源生产和消费革命的重要内容。国家能源局发布的《生物质能发展"十三五"规划》明确提出了"十三五"的生物质能发展目标。根据《生物质能发展"十三五"规划》，2015年生物质成型燃料年利用量约800万吨；到2020年，生物质成型燃料年利用量3 000万吨。

生物质液体燃料包括生物燃料乙醇及生物柴油。截至2018年底，生物燃料乙醇产能达322万吨；到2020年，生物燃料乙醇年产量将达400万吨。2018年，我国生物柴油产量约为47.3万吨，预计2020年生物柴油新增产量约为31.4万吨。总体估算2020年生物质液体燃料投资资金需求接近50亿元。

随着我国"煤改气"、城市化进程加快，加大了对天然气的消费需求，国家加快了生物天然气开发利用政策支持。《生物质能发展"十三五"规划》中提出，到2020年生物质基本实现商业化和规模化利用，生物天然气产量将达80亿立方米，目前差距需要通过"十四五"期间的发展来加速弥补。

表6.3 我国2020年生物质能（非电力）产量与投融资资金需求

类别	生物质成型燃料	生物质液体燃料	生物天然气	总计
产量预测	3 000万吨	600万吨	20亿立方米	—
投资总额	11.4亿元	45.4亿元	1 200亿元	1 256.8亿元

二、能源密集型制造业

（一）制造端是主要排放源

能源密集型产业是指在生产过程中对能源依赖性较强、消耗较大的一类产业，统计数据显示，我国能源密集型产业的能源消耗量占工业能源总消耗量的80%以上。粗放的工业发展模式不可避免地给区域带来生态环境问题。根据中国统计年鉴中按行业分能源消费量表中，制造业中煤炭消费量占比较大有：煤炭开采和洗选业，石油、煤炭及其他燃料加工业，化石原料和化工制品制造业，非金属矿物制品业，黑色金属冶炼和压延加工业，有色金属冶炼和压延加工业，电力、热力生产和供应业。各行业煤炭消耗量占整个制造业的比重如图 6.1 所示。

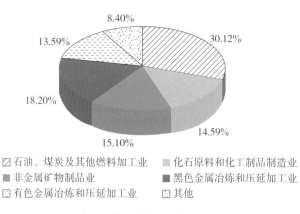

图 6.1　各行业煤炭消耗量占整个制造业的比重

资料来源：中国统计年鉴。

（二）制造业升级与减排

制造业转型、减排减污的路径，主要从以下几个领域入手：

1. 能源替代

重点发展太阳能光伏、风力发电、大容量动力电池等装备。未来产业升级发展方向为薄膜太阳能电池制造、系列成套太阳能光伏电站装备、兆瓦级风力发电整机、大容量系列锂离子电池动力模块、氢燃料电池等。

2. 新技术应用

制造业的发展中最主要的影响因素是技术推动。大力提升自主创新能力显然是制造业未来转型升级的正确选择。我国制造业的节能减排技术与装备还有巨大的发展空间。通过自主创新，企业需要努力实现关键领域技术突破和填补空白，开发一批对节能减排发展有重大影响的关键技术和具有示范带动作用的成套装备，为制造业节能减排目标打下坚实基础。

3. 信息化转型

信息化与工业化融合正成为一种以往其他方式和技术手段无法比拟的最优资源配置方式。信息化可以加速重构我国制造业生产组织体系，加快我国现代产业体系的发展步伐，并为新技术革命背景下企业的创新发展带来前所未有的新机遇。毫无疑问，信息化已经成为新时期我国制造业加快调整，减少排放、提升效率、推进转型，打造国际竞争力的不二选择。

三、交通和居住产业

（一）新能源汽车

2019 年，我国新能源汽车投资为 4 769.5 亿元，其中，新能源汽车产能 1 391.78 万辆，比 2018 年增加 77.62%；新增产能 608.21 万辆，新建成 21.6 万个公共充电桩。2020 年，我国新能源汽车投融资的总量突破 5 000 亿，其中，新能源汽车产能达 1 999.99 万辆，比 2019 年增加了 43.7%；新增产能 608.21 万辆，新建公共充电桩 85.5 万个。这表明新能源汽车投融资资金逐渐上升。随着新能源的造车技术逐渐成熟，新能源汽车产能增长，制造成本降低，加之国家政策的扶持，各类车企纷纷加大了对新能源汽车的投入。

中国流通协会发布的数据显示,按照各家工厂规划的建设进度,2020年各类车企已经公开的新能源汽车产能规划超过2 000万辆,是《节能与新能源汽车产业发展规划(2012—2020年)》中设定目标的十倍。

2019年,新能源汽车生产124.2万辆,销售120.6万辆,分别占同期我国汽车产销量的4.57%和4.47%,同比分别下降2.2%和3.98%。其中纯电动汽车产销分别完成102万辆和97.2万辆,产量同比增长3.4%,销量同比下降1.2%;插电式混合动力汽车产销分别完成22万辆和23.2万辆,同比分别下降22.5%和14.5%。燃料电池汽车产销分别完成2 833辆和2 737辆,比上年同期分别增长85.5%和79.2%。2019年底,我国累计公共充电桩数量已达51.6万个。

据生态环境部核算,2015年时汽车保有量每增加1%会使石油需求量增加0.912%。因此,2019年销售的120.6万辆新能源汽车,相当于减少进口石油需求量0.44个百分点,同时相当于使一氧化碳排放量减少17万吨,碳氢化合物减少2.05万吨,氮氧化物减少3.25万吨,颗粒物减少0.24万吨。

根据中国流通协会所发布数据显示,2020年国家规划建成1.2万座充换电站和480万个充电桩,公用充电桩与全国充电桩比例约为1∶2.5,则公用充电桩数量为137.1万个,这表明在新能源汽车配套领域的投资规模也很大。

表6.4 我国2018—2020年新能源汽车投融资、新增产能和充电桩数量

类别	2018年		2019年		2020年	
	完成投资(亿元)	新增量(万辆,万个)	完成投资(亿元)	新增量(万辆,万个)	资金需求(亿元)	新增量(万辆,万个)
新能源汽车产能	4 585.90	608.21	4 585.90	608.21	4 585.90	608.21

续表

类别	2018年		2019年		2020年	
	完成投资（亿元）	新增量（万辆，万个）	完成投资（亿元）	新增量（万辆，万个）	资金需求（亿元）	新增量（万辆，万个）
新增公共充电桩	76.5	9	183.6	21.6	726.75	85.5
合计	4 662.40	—	4 769.50	—	5 312.65	—

（二）节能建筑

2018年，我国绿色节能建筑投资326.64亿元，新增绿色建筑面积3.89亿平方米。2019年，我国绿色建筑投资为281.14亿元，比2018年下降了13.93%，新增绿色建筑面积3.68亿平方米。绿色建筑逐年投融资减少，一方面由于绿色住宅建筑和绿色公共建筑新增面积减少，另一方面由于2019年绿色建筑面积增量中二星级和三星级的比重有所下降，因而投融资资金需求相应减少。

在城市规划和绿色建筑方面，早在2005年，建设部、科技部联合出台了《绿色建筑技术导测》，旨在引导、促进和规范绿色建筑的发展。近年来，我国中央政府更是陆续出台了关于绿色建筑的发展政策体系，促进了我国建筑行业绿色发展和城市住区环境的改良。2016年发布的《住房城乡建设事业"十三五"规划纲要》，更是明确到2020年，城镇新建建筑中绿色建筑推广比例超过50%。2017年的《建筑节能与绿色建筑发展"十三五"规划》，力争使绿色建筑发展规模实现倍增，到2020年，全国城镇绿色建筑占新建建筑比例超过50%，新增绿色建筑面积20亿平方米以上。

据测算，仅2019年新增的3.68亿平方米绿色建筑，形成节能能力1 416.8万吨标准煤，减排3 713.12万吨二氧化碳。根据《建筑节能与绿色建筑发展"十三五"规划》的目标，截至2020年，我国城镇新建建筑能效水平比 2015 年提升 20%，城镇新建建筑中绿色建筑面积比重超过 50%，绿色建材应用比重超过 40%，新增绿色建筑面积 20 亿平方米以上，全国城镇既有居住建筑中节能建筑所占比例超过 60%。另根据《2015 年度绿色建筑评价标识统计报告》对合理项目进行的绿色建筑增量成本统计分析得出，一星级住宅、公建增量成本分别为 25.14 元 / 平方米和 33.8 元 / 平方米，二星级住宅、公建增量成本分别为 64.23 元 / 平方米和 111.47 元 / 平方米，三星级住宅、公建增量成本分别为 135.92 元 / 平方米和 233.92 元 / 平方米。假设 2020 年与 2015—2019 年水平一致，新增绿色建筑为一星级的占 45%，对于住宅建筑的投资达到 25.14 元 / 平方米，对于公共建筑的投资达到 33.8 元 / 平方米，因此 2020 年用于一星级绿色建筑的投资达到 49.06 亿元；用于二星级绿色建筑的投资达到 129.83 亿元；用于三星级绿色建筑的投资达到 102.25 亿元。

表 6.5　我国 2018—2020 年绿色建筑投融资及新增面积

单位：亿元，亿立方米

绿色建筑星级	2018 年		2019 年		2020 年	
	完成投资	新增面积	完成投资	新增面积	资金需求	新增面积
一星级	45.81	1.55	49.06	1.66	49.06	1.66
二星级	139.55	1.58	129.83	1.47	129.83	1.47
三星级	141.28	0.76	102.25	0.55	102.25	0.55
合计	326.64	3.89	281.14	3.68	281.14	3.68

四、农业现代化与科技化

农业的科技化、信息化和绿色化是未来几十年发展的航向。传统农业生产和生活习惯如养殖、食物腐烂和堆肥、化肥的过量氮排放、森林砍伐燃烧,都会造成复杂的排放问题。畜牧业在农业里碳排放最高,排放的甲烷和一氧化二氮占农业碳排放的80%,二者折合准二氧化碳分别是28倍和265倍。转型金融需要从推动农业的现代化和科技化入手,实施可持续战略,发展两型农业,是世界各国农业经济发展的方向。当前,世界经济发展和市场消费正在发生重要变化,自然天成、无污染的产品已经成为消费时尚。未来农业生产必须在健康的土地上,用洁净的生产方式,生产安全的食物,以满足人们食物消费在数量与质量上的需求。两型农业科技创新成果在农业生产与食品安全方向的创新,在生态环境质量安全上注重环境污染过程监控、风险评价与污染环境修复等方面。

我国两型农业科技创新突出的问题是农业从业人员科技文化素质偏低、水资源短缺、耕地面积不断减少、动植物重大病虫害频发、产业化程度低等,资源与环境性约束要素须通过两型农业科技创新的无缝对接来解决。

(一)动植物资源与现代育种科技

动植物资源与现代化育种科技领域创新的主要任务是对战略性动植物种质进行应用潜力评价,采用基因组顺序和生物信息学手段对种质资源进行DNA标识和有用基因的分离、鉴定与功能分析,建立起动植物种质资源和基因资源的评价和持续利用方法;构建系统生物学研究平台,以及动植物基因规模化发掘、品种分子设计、分子改良及分析筛选平台、建立和完善我国战略性动植物分子设计育种新概念及其科技创新系统;在阐明调节动植物重要性状的关键性基因及其调控网络的基础上,开发植物性高产、多功能性、对生态环境快速反应的智能植物新品种,以及具有高生物量、高抗逆性和优良能源性状的超能植物新品种。

利用基因工程及技术、生命科学、信息科学与材料科学等学科交叉融合的研究手段,在掌握大部分动植物物种基因及代谢途径的基础上,建立战略性动植物各层次基因资源库,扫描目标基因型物组装理想基因型,并对表达和翻译进行定量激活和沉默,创新智能型农作物新品种,保障国家食物安全,提高人类生活质量与健康水平。

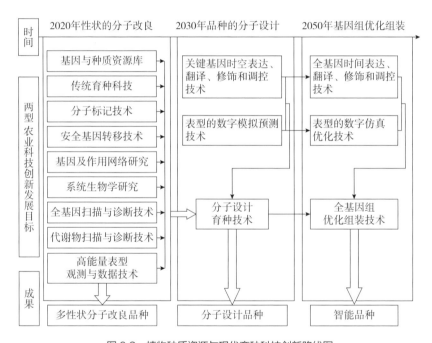

图 6.2 植物种质资源与现代育种科技创新路线图

资料来源:中国科学院农业领域战略研究组,中国至 2050 年农业科技发展路线图,科学出版社,2009 [61]。

表6.6 动物种质资源与现代育种科技创新路线表

创新任务	2020年	2030年	2050年
畜禽水产动物种质资源评价、发掘、保存和利用的分子与细胞技术及其创新系统	分子标记技术的发展与应用	成体干细胞克隆技术的应用	特殊种质资源的无性增殖技术
	特殊价值种质资源的发掘	单性生殖技术的发展与应用	种质融合互惠互利技术
	建立种质资源评价、保存和利用共享平台,增殖遗传改良力度和创新潜力		
畜禽水产动物分子设计育种技术及相关技术系统	分子标记指导育种技术	性控育种分子设计技术	智能动物分子设计育种技术
	抗病育种分子设计技术	多性状育种分子设计技术	多功能分子设计育种技术
畜禽水产动物分子设计育种技术及相关技术系统	育化出蛋白含量高、产肉量高、饲料转化率高或抗病力强的猪、牛、羊、鸡和鱼、虾、贝新品种		
畜禽水产动物疫病防控策略与技术系统	病原鉴定、致病机理分析、与宿主的相互作用及其作用机制揭示		
	特定病原特效疫苗制备技术	特效药物研制与防控技术	无病原滋生的免疫控制技术
	养殖环境生态调控技术		高效的生态管理技术
	实现高效的、无病害的集约化养殖。提供健康的畜禽水产品		
畜禽水产动物重要功能基因发掘和药物开发技术系统	从畜禽水产特别是深海动物中发掘鉴定有药物价值的功能基因		
	功能基因发掘和药物筛选平台的建立		
	—	高效、特定功能药物和生物制品的研制与开发	
	提升畜禽水产品的利用价值、实现规模产业化和高值化		
淡水和海水水产动物种质资源保护的生态学理论与技术系统	淡水和海水重要水产动物繁衍保存的生态学基础揭示		
	渔业结构调整的生态学原理与技术		
	—	健康可持续发展的淡水和海水养殖模式	
	实现可持续发展健康和谐的淡水养殖和海水养殖		

资料来源:中国科学院农业领域战略研究组,中国至2050年农业科技发展路线图,科学出版社,2009[81]。

未来动物基因组和基因资源研发，将推动畜禽水产业新革命，低脂肪高蛋白优质水产动物的良种化将面临广阔的发展前景，动物克隆技术和转基因动物将展示巨大的开发潜力，分子育种将成为未来畜禽水产动物现代育种科技创新的重要发展方向。

（二）农产品与食品安全科技

"国以民为本，民以食为天。"目前的食品产业正面临着巨大变革，呈现出两个重要趋势：一是提高食物的安全性，科技创新方向主要突破影响食品安全的危害因素，特别是消除农药过量使用与残留、激素和兽药残留及致病源的污染、生物毒素危害，建立安全农产品生产标准化科技系统，特别是种植业标准化生产模式、标准化安全养殖生产系统、病虫害预测和防控系统、农产品产后贮运及加工系统、农产品安全监测与评估系统，安全的生态环境质量是保障食品安全的必要条件。二是增强营养保健性。重视营养品质是食品本身的客观要求、生活水平提高，也促进了食品的营养品质、人类对营养健康状况的需要更加注重食品营养，针对不同人群的营养个性设计也成为现代人生活的重要组成部分，例如针对儿童、妇女、老年人、亚健康人群、不同生理和健康状态的个性化功能食品的创新。

（三）农业现代化设施与信息化

我国农业耕地和水资源严重不足，目前支撑高产的不合理施肥、灌溉及大量施用农药，不仅造成大量资源浪费，而且严重污染农田环境，影响农产品质量安全。未来农业研究活动的深度和广度将会越来越大，系统也将会越来越复杂，相互协作已成为科学创新重要手段，这就需要更多分布于全国甚至世界各地的科研机构、实验室和科学家共同参与，广泛利用历史资料、实验数据、模型和方法，更大量地采用昂贵的先进仪器设备，使大量的人力、工具和信息有机地连接起来，形成跨地域、时间、团队和学科领域的强大研究系统。

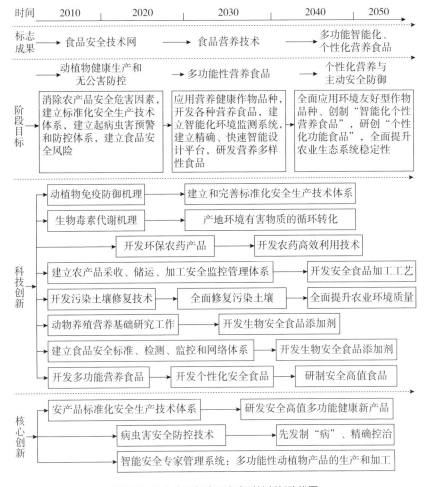

图 6.3　农业生产与食品安全科技创新路线图

资料来源：中国科学院农业领域战略研究组，中国至 2050 年农业科技发展路线图，科学出版社，2009［123］。

围绕精确农业农田信息采集、分析决策、精准作业技术，开展农田土壤养分与水分、作物生长与生理参数、病虫草害分布等要素信息的快速采集技术,开发相应技术产品,建立作物模拟模型和农业专家系统。各种电子监视、控制装置已应用于复杂农业机械上,变量播种机、施肥机、施药机和联合收割机等高度智能化农业机械已逐步进入应用领域,精准农业科技创新成果的应用实现了农业资源高效利用,提高了农业生产综合收益。

开发精确农业科技创新系统和核心自主产权技术产品,特别是在智能小型农机,还远不能满足我国两型农业建设的需求,需集中突破。未来精确农业、智能化装备将会得到快速发展,精确农业科技创新成果将逐步信息化、智能化、通用化和多功能化,实现向高产、资源及经济高效等方向发展。

发展以信息要素为主要特征的数字农业和智能农业,来突破传统的生产方式,实现农业生产精准管理,提高农业生产效能、资源利用效率、农产品的产量和质量,节约资源,减少环境负效应,促进农产品流通和贸易,实现农业生产信息化。

重点是建立农业中心网络系统,实现信息互联网传输;建立各种数据库系统应用于农业科技创新服务系统,为作物生长状况、病虫害预防、防治技术以及农业生产资料市场等提供信息技术支撑;重点发展为数据卫星传输系统提供农业生产所需的气象卫星图像、天气预测信息数据;建立远程专家诊断模型系统、智能信息系统等综合开发系统;构建遥感(RS)、地理信息(GIS)与全球定位(GPS)在两型农业科技创新领域的应用;建立信息与自动化科技创新成果相结合的智能型装备设施系统。

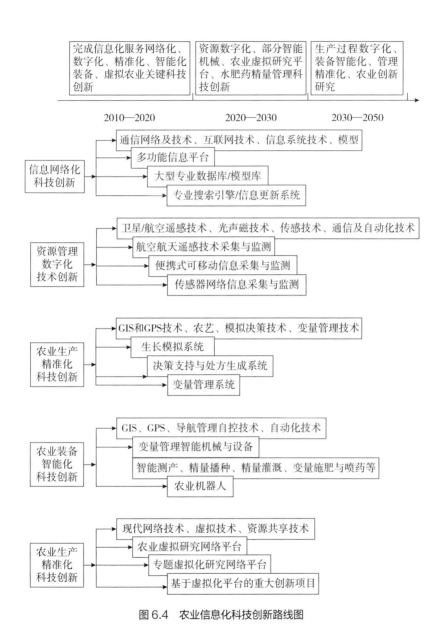

图6.4 农业信息化科技创新路线图

资料来源：中国科学院农业领域战略研究组，中国至2050年农业科技发展路线图，科学出版社，2009[144]。

（四）林业科技与森林碳汇

森林正在从一个部门产业向奠定可持续发展基础的定位转变，让可更新的自然资源担当起规避环境约束、创造财富和福利的使命。森林作为地球上最重要的自然资本，将在实现全球绿色发展中承担特殊的历史使命。

国家林草局发布的《促进科技成果转移转化行动方案》（林科发〔2017〕46号），对推进林草治理体系和治理能力现代化提出众多要求。为促进先进适用科学技术在生产中的应用，围绕当前林业和草原现代化建设技术需求，国家林草局遴选出了2020年重点推广林草科技成果100项，作为未来发展需求的代表。

森林碳汇是指森林植物吸收大气中的二氧化碳并将其固定在植被或土壤中，从而减少大气中二氧化碳浓度形成的减排效应。森林是陆地生态系统中最大的碳库，扩大森林面积是经济可行、成本较低的减碳措施。许多国家和国际组织都在积极利用森林碳汇来应对气候变化，通过造林、恢复销毁生态系统、农林复合加强可持续管理、采伐回收利用等措施，对发展低碳农林产业意义重大。

五、突破性前沿科技

双碳目标的实现很大程度上要依赖低碳前沿科技的创新应用，主要分为碳减排技术和碳中和技术。

（一）碳减排技术

碳减排技术主要包括降低能源消耗，切换到更低碳排放的新能源技术。转型投资应支持和孵化这类创新技术，包括火电厂降低能耗技术、能源灵活性改造技术、工业节能技术、家电节能技术，以及人造肉供应降低畜牧业排放技术等。

1. 火电低煤耗技术

通过不断提升锅炉蒸汽的温度和压力，从亚临界到超超临界，火电厂可以通过增加全厂热效率，来降低煤耗减少碳排放。过去十年，我国供电煤耗下降 27 克/度电至 306 克/度电，以 2019 年 4.6 万亿度煤电发电量测算，相当于减排 3.2 亿吨二氧化碳（约为 2019 年全国碳排放的 3%）。参考目前最先进超超临界二次再热火电厂已经达到 265 克/度电的供电煤耗水平，我国进一步降低火电厂煤耗 41 克/度电有望减排 4.7 亿吨二氧化碳。在国内火电机组 2035 年批量退役启动前，有望为 2030 年碳达峰提供助力。从技术层面的解决方案包括坑口新电厂替代沿海老电厂、对老机组进行通流改造等手段。

2. 发电灵活性改造技术

提升发电厂的运行灵活性，等效于提供储能类的服务，具体涉及增强机组调峰能力、提升机组爬坡速度、缩短机组启停时间、增强燃料灵活性、实现热电解耦运行等方面。火电机组经过灵活性改造后，能够在提高系统调峰能力和促进新能源消纳方面起重要作用，有利于推进我国高效智能电力系统建设以及增加消纳。灵活性改造虽然可能小幅增加火电厂本身的度电碳排放，但是可以帮助电网消纳更多的零碳非化石能源，同时降低了火电厂整体的利用小时水平，因此从整体系统层面也具备碳减排的效果。

3. 工业节能技术

节能包括在当前电力结构下的节电及其他能源（如燃煤、燃气、燃油）的节省。我国 2018 年度制造业能源消费中，直接煤炭消费占比46%，直接油气占比26%，合计高达72%。"十三五"期间我国规模以上企业单位工业增加值能耗下降15.6%，以此推算约减少二氧化碳排放2.4亿吨。当前我国制造业主要产品中只有约40%的产品能耗接近或达到国际先进水平，节能技术的落地将会是进一步降低排放的关键。例如磁悬浮鼓风机凭借减少摩擦、智能变频和联机调控等方式，较传统鼓风机节能30%以上；推动实施炼钢生产线能量系统优化综合节能改造项目，充分回收利用钢铁生产过程中的中低温余热资源，从而有效降低了煤气、电力等能源消耗。参考科技部《国家高新区绿色发展专项行动实施方案》对于单位工业增加值能耗下降设定的目标，如果到2025年工业能耗可以实现再下降14%，以此推算约减少二氧化碳排放2.2亿吨。

4. 家电节能技术

在保障家庭用户消费升级的背景下，居民用电量增长趋势难以扭转。但根据相关机构估算，通过推动家电能效标准提升，预计可以减缓居民用电量年均增长，对应2021年可节约用电量368亿千瓦时（减少3.2%），相当于减少碳排放3 670万吨。具体方式可以通过空调、中央空调能效水平提升，促进家电以旧换新，淘汰能效水平较差的旧家电等。

5. 降低畜牧业排放技术

畜牧业动物肠道发酵和粪便管理，会产生甲烷和一氧化亚氮，带来排放。人造肉实际是一种对肉类形色和味道进行模仿的蛋白制品，主要靠大豆蛋白制成。粗略测算，如果以人造肉全面替代畜牧业动物蛋白供应，可减少上亿吨的二氧化碳排放；如考虑大豆生长过程中光合作用带来的碳累积，可能进一步带来负碳吸收效果。

(二)零碳与负碳技术

1. 清洁电力技术

光伏发电是通过光电转化效应在半导体内产生电势差和电流,在行业发展上受益于半导体技术的不断提升和突破。光伏技术的升级主线在于转换效率的提升,经过过去十多年的发展,目前主流单晶硅 PERC 电池的量产转化效率已经接近 23.5%。下一个十年,电池技术的突破——实现转换效率的提升仍将是光伏行业的主旋律,N 型技术 TopCON、异质结已经进入产业中试到小规模量产的阶段,有望实现 25% 以上的量产转化效率。在研究层面,通过钙钛矿叠层技术这一路径有望提升太阳能电池转换效率到 30% 以上水平;单结光伏电池的理论极限也称 SQ 极限在 40.7%,通过多结、聚光等方法可以将光伏理论极限推高到 85.4%,德国科研机构 Fraunhofer 及其合作伙伴法国 Soitec 公司、法国研究机构 CEA-Leti 宣称创造了光电转化效率高达 46% 的聚光太阳能电池,展现出光伏的技术潜力。

风能发电是利用空气流动所产生的动能,转化为旋转的动作去推动发电机。风能转化为动能的理论效率极限(贝兹极限)在 53.9%,而当前行业主流的三叶片风机已经可以实现 48% 的转换效率,因此目前技术在满功率运行状态下已经接近极限效率的 90%。目前有两种技术路线,分别是双馈和直驱,在转换效率上差别不大,主要差异在不同核心设备的故障率上,已并行多年。

核能发电是通过核反应利用从原子核释放的能量,再通过加热液体/气体的方式驱动轮机并以机械能驱动发电机产生电力。核能释放可通过三种核反应:①核裂变,较重的原子核分裂释放结核能;②核聚变,较轻的原子核聚合在一起释放结核能;③核衰变,原子核自发衰变过程中释放能量。核反应过程没有二氧化碳或其他温室气体产生，是一种零碳的能源技术。但是，安全的要求限制了核电蒸汽温度，因此全厂热效率仅为33%，远低于目前火电的全厂热效率。未来核电存在技术突破可能。

2. 储能技术

电化学储能是利用化学元素做储能介质，完成能量储存、释放与管理过程，充放电过程伴随储能介质的化学反应或者变价。电化学储能按储能介质划分主要包括锂离子电池、铅蓄电池、钠硫电池储能等。与动力电池略有不同，储能电池对于循环次数和安全性要求高于能量密度，国内储能电池主要采用磷酸铁锂电池，而海外其他国家多以三元锂电为主。

物理抽水蓄能是利用水的落差在重力作用下形成动能，通过机械能转化成电能，转化效率一般可达到80%至94%。目前主要有径流式和贯流式两种设计。广义的水能资源包括河流水能、潮汐水能、波浪能、海流能等能量资源，在储能领域未来也有较大空间。利用电力负荷低谷时的电能，抽水至储备上水库，在电力负荷高峰期再放水至下水库发电的水电站，起到电网调峰的作用；抽蓄电机的功率还可快速变化用于电网调频和调相，提供多种电网辅助服务。

表6.7 电力碳中和技术成本下降预测及核心驱动力

单位：元/千瓦时

电源技术	2020年度电成本	2030年度电成本	2020-2030成本下降速度
西部光伏	0.31	0.15	+++
东部光伏	0.41	0.20	+++
陆上风电	0.28	0.21	++
海上风电	0.61	0.40	++
云南水电	0.25	0.25	−

续表

电源技术	2020年度电成本	2030年度电成本	2020-2030成本下降速度
沿海核电	0.35	0.31	+
生物质发电	0.73	0.73	−
vs 全国火电	0.37	0.37	−

电网技术	2020年度电成本	2030年度电成本	2020-2030成本下降速度
抽水蓄能	0.18	0.18	−
电化学储能	0.71	0.29	+++
vs 火电灵活性	0.14	0.14	−

电力行业的零碳技术成本下降预测：零碳的电力技术未来发展中，目前电化学储能还在应用初期，成本优化空间最大；光伏受益规模效应、材料替换、效率提升共振，有望在未来十年间成本再缩减一半；风电的利用效率接近极限，未来十年通过材料国产化、捕风面积提升还有20%—30%的降本空间；核电的批量化、国产化生产有望带来超过10%的投资成本节省；水电受制于厂址资源的稀缺性，成本下降空间较小。

3. 氢能技术

氢能替代利用形式多，既可以通过燃烧产生热能，在热力发动机中产生机械功，又可以作为能源材料用于燃料电池。氢在地球上主要以化合态的形式出现，是宇宙中分布最广泛的物质，也是化学能中以重量计算能量密度最高的能源。如果氢能的生产过程完全以清洁电力作为能源（目前氢气主要来自煤化工和石油化工），将使得氢能成为零碳的能源技术。

表 6.8 非电碳中和技术成本下降预期及核心驱动力

单位：元/千克标煤热当量

非电技术	2020 年单位成本	2060 年单位成本	2020-2060 年成本下降速度
电能替代	1.9	1.6	++
氢能	15.0	3.9	+++
生物质燃料乙醇	7.0	4.5	++
天然气+碳捕捉	5.9	5.5	+
柴油+碳捕捉	7.2	6.8	+

非电能源行业的零碳技术成本下降预测：零碳的非电技术未来发展中，电能替代是目前最经济可行的选项，且未来将受益于清洁电力成本的下降；氢能受益产业链规模化以及清洁电力电解水制氢，成本有 70% 的下降空间；化石燃料+碳捕捉的成本下降空间在 10% 以内，这一技术路径的降本空间受制于化石燃料本身的使用成本。生物质合成燃料当前技术较成熟，成本取决于作物原料，远期若原材料成本更低的路线实现技术突破，则成本有约 35% 的下降空间。

4. 负碳技术

碳捕捉是指收集从点源污染（如火力发电厂或工厂）产生的二氧化碳，把它们运输至储存地点并长期与空气隔离的技术过程。尽管化石能源燃烧过程产生二氧化碳，但如果安装碳捕捉装置，将能够实现零碳排放。

生物质+碳捕捉的发展空间较大，如果以绿色植物（秸秆等）作为燃料，并辅以碳捕捉技术，有望净减少大气中的二氧化碳（也就是所谓的负碳），若碳捕捉成本低于碳价，则这一技术将拥有正收益。

第七章

有为政府

我曾经设想过：人们把墨西哥湾流变咸，拦住格陵兰冰川上滑入的冰山，将海水泵入撒哈拉沙漠和亚洲干燥盆地造出盐海，抽取北冰洋的融冰以提供淡水，对细菌进行基因工程改造，把更多的碳固定在树根里，把佛罗里达抬高30英尺使它重返海平面之上，以及完全改变资本主义——而这，才是所有这些事情中最艰难的。

　　——金·斯坦利·罗宾逊（Kim Stanley Robinson） 美国科幻作家

一、碳政策组合

碳中和目标下，控制碳排放不仅关系到国家经济发展模式的转变，更紧密关系到政府的战略和行动选择。面对日益活跃的国际气候合作，为提高在国际市场中的竞争力，也为了更好地优化国内产业结构和能源利用模式，我国必须积极参与国际碳合作包括碳金融、碳交易市场的合作。碳排放权交易市场作为一种有效的市场机制手段，为控制碳排放发挥着巨大作用。但毫无疑问，政府规划和政策选择在很大程度上影响着碳排放控制效果。在此过程中，碳交易市场尚不完善，政府应充分发挥作用，为市场发展保驾护航，构建实现"碳达峰、碳中和"的制度保障和营商环境。

从政府与市场的关系来看，市场是有效的资源配置机制，市场机制被称为"无形之手"，经济实践证明市场经济是迄今为止最有效率的经济形态。但市场不是万能的，由于外部性存在，导致了环境的污染和破坏，就需要政府来进行有效的监管，靠政府的公信力和强制力来解决市场经济运行中出现的问题，此时政府这只"有形之手"应该凸显。但与市场相比，政府总不能最有效率地配置资源，单纯的碳排放权交易监管会导致碳排放权交易的运行成本高收益低。

有为政府及干预是解决市场失灵的有效手段。一般来说，市场失灵分为两种：一种是功能性失灵，包括常见的不完全市场、信息不完全和不对称、外部性等；一种是市场机制不完善。后一种需要进一步改革完善市场机制，而前一种失灵需要政府的大力介入和干预，特别是在外部性问题上。在碳交易市场机制建设中，政府需要制定相应的法律法规理清产权，明确产权并保障产权。此外，政府还拥有税收和补贴两大有效手段，一方面，通过征收碳税或污染税提高重污染高耗能企业的生产成本，间接使其改变生产经营方式，促进其转变发展路径；另一方面，为新兴低耗能高效率企业提供补贴，减轻企业负担和研发投入压力，进而促进相关产业的升级和改造。

碳排放权交易是运用市场经济手段解决环境问题，需要"有形之手"与"无形之手"的配合。也就是说，利用碳排放交易进行节能减排、体现碳排放权的市场价值，需要政府的"有形之手"和市场机制的"无形之手"双重作用。为推动我国碳排放权交易市场的完善，强化市场机制作用，实现"碳达峰、碳中和"目标，政府的政策选择必须是各种作为的有效组合，包括以下要点：

调整导向，完善法制。在依法治国的前提下，节能减排和环境问题最大的症结在于收益内部化、成本外部化，为此政府要把资源消耗、环境损害、生态效益纳入经济社会发展评价体系，建立体现绿色低碳发展要求的目标体系、考核办法、奖惩机制，使收益与成本同向并且均衡。加强立法，将碳市场各方面内容法制化，同时在相关法律的框架下对市场交易活动进行合规监管，依照法定程序对政策目标和实施标准适时微调，以适应宏观政经环境的变化。

完善市场机制，消除非市场壁垒。建立起市场机制的监管架构，即在确立的框架下对碳排放配额市场交易活动的监管措施，包括交易主体、交易场所、交易产品的资格审核（备案），同时建立稳定碳价的平准机制（包括配额的储备、拍卖和回购政策，以及碳排放配额的抵消机制等)。政府应该清晰确定排放总量等政策目标和分配标准,比如管制对象的范围、时间跨度、配额分配方法、违约处罚措施;建立起可测量、可报告与可核证的统计、监测与考核体系。

依法监管。碳排放权交易市场主体多元化,交易环节多,碳产品多样且技术性强。碳排放交易市场也可分为场外市场和场内市场,场内市场兼具金融市场、能源市场和产权市场等属性。碳排放权交易市场不会自发形成,既需要有可供交易的商品,又需要强有力的政策,最重要的是需要政府的监管。政府的监管有利于衡量碳排放权交易市场的绩效,保证碳排放权总量的限额不被突破,杜绝碳排放权交易市场的操纵和垄断现象。

支持创新。市场机制的高级形态就是规模化和金融化的交易形态,在欧盟排放交易体系之中,70%-80%是碳期货及期权交易,只有20%-30%是碳现货交易。当前我国金融管制相当严密,金融创新明显不足,应该建立多层次、多渠道和多样化的市场形态,允许碳排放交易等环境权益市场开展适度的金融创新,完善市场生态。在涉及碳边境税和国际合作方面,要坚持本国发展和利益诉求,也要本着人类命运共同体的原则支持创新,增加合作而非对立。而在一些市场失灵或无效领域,政府可以认真研究关键项目及关键人才储备,加大对创新项目的长期投入。

完善配套支持,优化营商环境。传统意义上的财税补贴等行政手段,也完全可以成为推动市场机制建立和有效运作的一种外在激励措施。英国碳排放交易的经验显示,碳税(气候变化税)和碳交易其实也是可以互补的,前者所形成的约束力量,可以成为推动后者建立的一种外在激励手段。因此,政府在推出节能减排相关的政策时,完全可以与市场机制结合,实现更高层面的政策统筹与机制协同,取得更好的政策实施效果。积极优化营商环境,落实应对气候变化的各项措施，严禁和逐步淘汰高耗能、高排放项目，并通过税收减免、贷款担保及其他绿色金融工具与政策激励，塑造市场为低碳项目融资的方式，打造具有成本竞争力的低碳技术推向市场的良好环境。

二、碳税与碳边境税

（一）碳税的讨论

碳税是指根据排放源使用化石能源中的碳含量或者二氧化碳排放量征税，以降低化石能源消耗及减少温室气体排放的税收制度。与碳排放权制度的理论基础——通过交易手段解决经济行为外部性问题（科斯）有本质不同，碳税的理论基础是以"收费—补贴"手段解决外部性问题（庇古）。

英国福利经济学家庇古认为，通过对负外部性的行为收费和对正外部性的行为补贴来弥补私人成本与社会成本、私人收益与社会收益之间的差异，可以解决外部性的问题。具体到温室气体减排和应对气候变化领域，企业消耗化石能源排放大量温室气体肇致气候变化，但气候变化的恶果却由全社会共同承受而不反映于企业提供商品或劳务的价格之中，致使私人成本小于社会成本，企业放纵温室气体排放；反之，企业进行技术创新削减温室气体排放，积极应对气候变化，但气候变化减缓的益处由所有人共享而受益人却不必为此付费，企业不能从削减温室气体排放中获利，致使私人收益小于社会收益，企业缺乏减少温室气体排放的动力。

理论上，若以碳排放量为基准对企业征税，碳排放量多则收费多，碳排放量少则收费少，实现私人成本与社会成本相等，那么在逐利本性的驱使下，企业将有足够的经济动因采取措施减少碳排放。对所征之税，可用于补贴企业进行低碳技术创新、减少温室气体排放的活动，使减排的外部收益内部化，实现私人收益与社会收益相等，从而解决外部性的问题。

通过税收手段有减少温室气体排放的可能性，但要实现减排目标，仍需依赖具体的有针对性的制度设计。各国学者已提出众多方案，这些方案普遍具有共通之处，但在部分规则安排上存在差异。

在征税对象方面，碳税的征税对象在理论上应为消耗化石能源所产生的温室气体。但在实践中，化石能源包括原煤、原油、天然气、煤油、汽油、柴油等多种形式，温室气体也有二氧化碳、甲烷、氧化亚氮等多种类型，从制度效率的角度考虑，难以对使用所有形式化石能源产生的所有类型温室气体计征碳税，而是选取主要化石能源消耗所产生的主要温室气体征税。

对于是否将居民个人为生活目的使用化石能源所产生的二氧化碳纳入碳税的征税对象存在争议。有学者从降低居民税负的民生角度出发，对此持否定态度。考虑到居民生活消费和交通出行使用化石能源占比较大且增速明显，如将居民生活所产生的二氧化碳排除在碳税的征税对象之外，可能严重影响碳税的减排效果。加重税负的问题，则可通过税率设定、税收优惠等方面的规则予以消解。

在纳税主体方面，在理论上应为所有因生产和消费主要化石能源而排放二氧化碳的单位和个人。但出于与其他温室气体减排制度相协调、便于实际操作等因素考虑，碳税纳税主体的实然范围可能小于理论上的应然范围。例如，在碳税开征初期，为减少制度实施成本，可暂不对为数众多的个人征税，待到碳税征管运作比较成熟时再行征收。

在计征依据方面，由于碳税的征税对象是使用主要化石能源产生的二氧化碳，故理论上应以二氧化碳的实际排放量为碳税计征依据最为合理。但要确定二氧化碳实际排放量，须采用实测法在各排放源安装设备进行排放监测，考虑到碳税纳税主体的广泛多元，此举显然不具有经济合理性与可操作性。因此，实践中多采用估算排放量作为碳税的计征依据，即根据化石能源碳含量与二氧化碳排放量之间的固定比值关系，结合化石能源消耗量进行估算以确定纳税主体的二氧化碳排放量。

在税率设定方面，碳税的税率设定应综合考虑经济承受力与温室气体减排的要求，在此二者之间寻求平衡，并视具体情况有所差别。设定碳税税率，不应仅着眼于碳税本身给企业增加的税负负担，还应同资源税、所得税等其他税种一起全盘考虑。在某种程度上可以说，碳税税率越高，减排效果越优，而企业税负越重；碳税税率越低，减排效果越劣，而企业税负越轻。在企业经济承受力范围内寻求具有良好减排刺激效果的合理税率，一种可能的方法是先确定一个较低的碳税税率，然后逐年提高，直至温室气体减排的目标实现。

（二）碳边境税与碳泄漏

发达国家对于碳边境税措施的提出，与其功能是分不开的。大多观点认为，碳边境税措施具有防止国内产业竞争力因碳减排而降低、防止碳泄漏的功能。

当一个国家征收碳税或实施碳交易机制时，将使碳排放密集型产品的二氧化碳排放环境成本部分内化为产品成本，使产品价格提高。然而，碳税或碳交易机制并非在全球范围内普遍实施，那些没有这种机制的国家，其产品则没有内化二氧化碳排放环境成本。因此，实施碳税或碳交易机制将使产品在国际市场上因额外的环境成本而处于竞争劣势。而碳边境税等边境调整措施可以抵销这种竞争劣势，它通过对进口产品征收国内相同的环境税收，对出口产品退回环境税收来实现国内产品与进口产品在竞争条件上的平等,从而抵销了因为环境措施所带来的竞争劣势。

边境调整措施只对那些来自没有采取相同或相似环境措施国家的产品适用,而对那些来自已经采取环境措施国家的产品不适用,从而形成一个混合的体系,这明显违反了 GATT 的最惠国待遇原则。实际上,边境调整措施应当对所有进口产品适用,不管是来自已实施相似环境措施的国家的产品,还是来自没有相似环境措施的国家的产品。来自前者国家的产品,在其出口前可能已经被退税,因此需要进行边境调整;如果在其出口前没有被退税,进口国家仍然需要进行边境调整,只不过此时,是按照其国内环境立法确定进口产品已经被征收了相当于国内的环境税收而不能重复征税。当然,如果进口产品负担的环境税收低于其国内相同产品负担的环境税收,对于不足部分,仍然可以补征。

碳泄漏通常指当某一地区或国家采取比较严格的碳减排措施,随后导致的在其他没有严格碳减排措施的国家或地区的碳排放增加现象。对这一现象,从短期效果来看,会使国内碳排放密集型产业在国际市场上丧失相应的市场份额;从长期效果来看,由于单边的减排行动使资本投入与产出的回报不同,导致企业将投资转向没有严格减排措施的国家或地区。无疑,碳泄漏现象将严重影响碳减排环境措施的实际效果,产业竞争力的下降和产业转移也将导致相关产业经济上的损失,这使实施碳减排措施的国家或地区考虑采取边境调整措施这一工具来避免或减轻负面影响。在不对其要求碳减排的前提下,边境调整可以降低或消除未采取碳减排措施国家或地区产业的价格优势,从而降低或消除碳泄漏。

由于通过碳关税等边境调整可以降低或消除未采取碳减排措施国家或地区产品的价格优势。此时,边境调整就能起到一种杠杆作用,引导这些国家或地区采用更严格的环境政策。边境调整不仅能降低或消除这些价格优势，还会导致未采取碳减排措施国家或地区因环境保护产生的收入，如征收碳税或碳交易的收入转移到采取了严格碳减排措施的国家。如此，边境调整抵销了试图以较低碳排放成本吸引外国直接投资这一做法的激励效果。在多边环境体制下，主要经济体采用边境调整措施将激励其他国家在未来参与多边气候协议，多边体制下的"搭便车"现象也得以解决。此外，至少一些国家可以保留将来实施边境调整措施的可能性作为国家气候谈判失败时的防护措施。总体看，边境调整是一种排放许可从免费配额到完全竞拍过渡的促进方法。因为免费获得的配额在产品进口时不允许被边境调整，而通过竞拍获得的配额可以进行边境调整。

（三）碳关税对中国的挑战

全球气候变化背景下，碳关税将给中国带来哪些挑战，中国如何应对是一个不可回避的现实问题。

首先，碳关税等对中国出口产品构成潜在的贸易壁垒。碳关税的历史渊源可追溯到欧盟国家一体化进程。当时欧盟选择了"目的地原则"下的增值税来协调各国的税收。基于"目的地原则"下的增值税政策，最初的欧盟国家和后来加入的国家在边境对进口产品征收增值税而对出口产品退回增值税，从而形成了增值税的边境调整措施。由于美国在那时及现在一直没有增值税，美国的商业领域随即产生了一种观点，认为欧盟的增值税边境调整对美国的出口产品是一种贸易壁垒，因为美国的产品进入欧盟市场在边境会遭遇到税收壁垒，而欧盟产品出口却是免税的。

之前学术界普遍认为增值税目的地原则导致的边境调整，对贸易、生产和消费没有真实影响，在这样的背景下，边境税调整工作组报告出台,明确了边境税调整不得征收反倾销税或反补贴税。因此,碳边境调整本身并不构成不正当的贸易壁垒。但是,碳边境调整经过巧妙的设计后,仍有可能成为针对我国出口产品的不正当的贸易壁垒。

其次,多数学者认为碳关税等边境调整将对中国的出口产生实质性打击。中国商务部在2009年就在网站发表声明,认为对进口产品征收碳关税将违反世界贸易组织的规则,同时也与《京都议定书》确定的共同而又有区别的责任原则精神相悖。有学者通过建立模型分析碳边境调整对中国工业出口的影响,得出的结论是,中国工业出口产品中包含的过度能源消耗和二氧化碳意味着会对中国工业的出口产生实质性的打击。

当然,应对碳关税也有积极的意义。随着我国碳中和目标的提出,同样也是向国际社会宣告,在应对全球气候变化方面,我国是有所作为的负责任的大国。在市场化减排机制上,碳关税是一种更简单、更有效,并具有超出预期效果的减排机制,其实施能够弥补我国碳排放权交易制度的不足,有利于实现我国预定的减排目标。借助我国在国际事务中的重大影响力,通过碳边境调整的杠杆功能,可以充分引导其他国家和地区采取类似的环保措施,有力推动全球应对气候变化的一致行动。我国实施碳税及边境调整也可以因此取得财政收入,极大地提高我国应对气候变化及其他环境问题的能力。此外,我国出口产品上负担的碳税或碳排放权交易费用,可以通过边境调整措施得到退回,相应提高了我国出口产品在国际市场上的竞争力。

三、碳监管

碳交易涉及多元主体,交易环节、交易方式和交易程序都比较复杂，需要建立有效的监管机制来保障其健康运行。从国内碳市场运行实践来看，有必要通过构建完善的监管制度和流程，对我国新生的碳市场进行有效监管。

（一）国外碳市场的监管经验

1. 建立统一的碳交易监管体制架构

国外建立碳交易监管体制的经验表明，碳排放的监管主要由一个统一的排放权监管机构或者机构体系来负责，如欧盟的碳交易监管体制包括欧盟中央管理部门和各成员国政府环保部门两级架构、澳大利亚主要由独立价格监管仲裁庭负责、美国西部地区气候行动倡议（WCI）则建立了包括七个委员会的组织架构等。

2. 完善各职能部门间的分工协调机制

分工明确、权责清晰、协调配合是保障碳交易监管体制高效运行的关键，如美国西部地区气候行动倡议（WCI）设立的七个委员会在发展温室气体排放报告系统、指导碳交易市场发展和运转等方面均有明确的职责划分；德国排放权额度的计算审核和通知下达则分别由联邦环保局排放权交易部门和排放权管理部门负责；等等。

3. 强化法律法规的约束机制

完善的碳交易监管体制需要相关法律和立法来配套和保障，以界定交易标的和交易主体、确定初始分配方式、规范交易秩序、明确法律责任等，从而保障碳交易市场的有序运行，如欧盟形成的主要以三项欧盟指令、两项计划及三项欧盟委员会规章组成的法律体系，澳大利亚的电力供应法修正案，加拿大的《空气清洁法案》等。

4. 分阶段建立碳交易监管体制

碳交易监管体制的建立是一项长期的系统工程，需要随着经济、社会、环境条件的变化不断进行调整和完善。因此，建立碳交易监管体制不可急于求成，应分阶段、分层次推进，与时俱进地进行调整和完善，如新西兰通过修改法令等方式扩展机构职能、加拿大政府专门成立能源效率处负责帮助各部门节约能源和提高能效等。

（二）构建公平有效监管体系

基于我国碳市场发展的现实情况，需要充分发挥政府监管、第三方机构监管和自我监督的各自优势，并实现各监管体系的有机结合。

1. 构建专门监管体系

中央政府和地方政府应设立专门的监管机构，或者依托排放权管理与调剂中心等有关机构进行监管，发挥相应的监管作用。其职能包括审核碳交易许可证发放机构；宏观调控碳交易市场定价；监管交易主体资格及其交易行为；界定交易所职能、交易规则；授权第三方监管机构；等等。

2. 建立多层次监管体系

市场监管对象主要包括参与碳交易的企业、碳交易平台、中介组织、行业组织、相关金融机构等。监管内容主要包括参与碳交易企业和机构的资格是否合法；这些主体的交易行为是否合规；碳交易的流程是否合理；参与交易的企业是否严格按照统计标准和报表制度认真、及时报送企业基本情况和碳市场交易各项数据，是否迟报、漏报、虚报、瞒报，各项数据是否真实、准确。此外，应充分发挥非政府组织、独立的社会组织、交易所、行业协会、工会、消费者团体、智囊团、公众舆论和媒体对碳交易市场运行的监督作用。

3. 以自律监管为主

实行严格的自律监管。通过交易所和交易主体内部监管来督促其自身的行为，提升碳市场交易监管水平。一是要在内部建立独立的监管部门，并做到监管主体在依法行使监督职权时，能切实排除一切外来干扰和阻力；二是要建立健全碳市场交易信息公开制度，用信息的公开来保证信息的可靠性，接受广大公众的监督，从而避免因信息的不对称而造成的信用危机；三是严格执行对违反诚信道德行为的惩罚和责任追究制度。

（三）强化市场监管手段

1. 明确碳交易信息披露制度

规范的碳交易信息披露是碳市场监管的前提和基础，是维护碳交易市场公开、公平、公正的根本保证。从国家的低碳政策，到碳排放总量控制、碳排放配额分配、许可证发放、交易规则、碳价格信息等，都需要有一整套信息披露和公示制度。

2. 加快碳交易规章标准建设

目前我国国内碳交易刚刚起步，随着低碳经济进一步发展，尤其是金融部门对碳商品的开发利用，碳交易风险将逐渐加大，碳交易的行为需要专门的制度标准来规范。建立碳排放交易的法规制度，首先需要规定碳排放测量标准、不同行业的碳排放配额及交易规则与惩罚制度；同时，政府相关部门、行业组织和交易所等要加快制定碳交易的标准体系；还要根据我国国情，充分发挥行政手段的独特作用，但也要注意防止行政手段的副作用。

3. 加大监管力度保障执行

一是加强对碳交易登记注册的资格审查，杜绝虚假碳排放行为；二是采取抽查等方式核实碳排放的实际情况，记录核查数据，保证碳排放的真实性；三是对碳排放交易的竞价拍卖市场采取适度监管，对拍卖主体实行调查和评估，杜绝内幕交易的发生，保证价格的合理性；四是建立有效的惩罚机制，加大对违规事件的惩罚力度。

（四）全程监管：从排放行为到配额交易

碳排放行为监管以排放单位的排放行为为监管对象，主要表现为监管主体（政府部门）运用法律、经济、行政等各种手段对排放单位的排放、监测、报告行为、第三方核查机构的核查行为及相关问题进行监督和管理。针对碳排放行为监管中面临的现实挑战，碳排放行为监管主要通过碳排放许可制度与碳排放核查制度，来监督排放单位的排放行为，保障排放数据的真实性与准确性。

碳排放许可制度是对排放单位进行碳排放行为监管的重要手段，可以在排放权交易开始前就对排放单位进入排放权交易的能力、条件进行把关，保障其依法开展排放行为、测量并报告真实的排放数据。碳排放许可制度与碳排放权作为政府授权，与许可的公法属性相一致，通过法律制度设定碳排放许可制度可以为碳排放权的来源提供合法性确认。

碳排放核查制度专门针对排放单位自行测量、报告的排放数据开展核查和监督，协助政府确定排放单位需要清缴的配额数量。通过梳理核查关系、规范核查机构的行为，可进一步保障经过核查的排放数据的真实性与准确性。

碳排放配额交易活动是平等的市场主体关于碳排放配额的买卖活动，政府监管部门对碳排放配额交易活动进行监管，主要包括配额交易的市场准入、交易秩序、市场退出等方面，着眼于预防和制止违法的配额交易行为，维护公平竞争的市场秩序，促进配额交易的合理发展。针对碳排放配额交易中面临的挑战，碳排放配额交易监管包括两大方面的内容：一是针对排放配额交易行为合法性的秩序监管；二是针对排放配额交易行为合理性的价格调控。

关于排放配额交易的秩序监管，主要是指监管主体依法对配额交易的交易对象、市场主体、交易方式等进行监督和管理，并依法对破坏配额交易秩序的违法行为（包括不正当交易、内幕交易、市场操纵、市场欺诈、发布虚假市场信息等）进行监管、制止和惩罚。由于碳排放配额主要是在政府指定的交易机构中进行交易，一方面通过交易所对配额交易活动进行自律性的秩序监督和维护，另一方面由政府对交易所运作依法进行监管，这些是碳配额交易秩序监管的重要内容。

关于排放配额交易的价格调控，主要指监管主体依法采取措施对严重影响碳排放配额交易价格的市场波动进行调控，从而促进碳排放配额交易价格合理发展。具体来说，对于碳排放配额交易价格不正常的剧烈波动、交易价格的长期低迷等影响碳排放权交易机制正常发展的特定情形，监管主体可依法采取特定的调控措施，恢复和促进碳排放配额交易的合理和稳健发展。

四、完善法制体系

碳排放权交易监管内容上看，应当包括两个基本的监管子系统：一是对碳排放行为的监管；二是对碳排放配额交易的监管。两者分工明确，互相联系，相辅相成。

2014年12月，国家发展和改革委员会发布的《碳排放权交易管理暂行方法》，作为部门规章确立了全国碳市场的总体框架。但是由于立法层级低一直饱受诟病。2016年，在《碳排放权交易管理暂行办法》基础上，国家发展和改革委员会组织专家对内容进一步提炼，力求突出实施碳排放权交易的核心问题，征求各方意见后形成《碳排放权交易管理条例》。2017年12月，国家发展和改革委员会发布《全国碳排放权交易市场建设方案（发电行业）》。这标志着全国碳市场终于完成了总体设计，以发电行业作为全国碳排放权交易首次应用的行业，开始正式启动。2020年12月31日，生态环境部发布《碳排放权交易管理暂行条例（试行）》，以行政法规的形式，作为全国碳市场建设运行基础的法律框架。

（一）提高层级配套细则

当前完善法律体系的重点，首先是提高立法层级。目前我国碳市场处于摸索阶段，发展过程中暴露的积极性不高、普遍观望态度等问题，主要由于碳排放权交易顶层设计不够清晰，立法层级不高以及缺少完整的配套运行机制。尽管我国发布了《大气污染防治法》，但是其中对于减排以及碳排放权交易仅做了概括性规定，另外由于碳排放权交易涉及交易、监管、金融等多方面，需要未来进一步提高立法层级，颁布一部《碳排放权交易法》，从法律的层级对全国碳市场进行规制。

其次要完善配套细则。碳排放权交易制度，通过将碳排放权作为一种"商品"进行交换，鼓励企业通过创新技术、产业改造减少企业的碳排放量，以获得碳排放权配额剩余来进行出售，获得收益。反之，碳排放量超出配额的企业为避免受到惩罚，需在碳市场购买碳配额，这样一来就增加了企业成本，降低了竞争力。长此以往，在整个行业内形成环境保护型的优胜劣汰，达到生态环境保护的目的。虽然直观来看，是个商品交换过程，但是其中涉及碳排放权总量的设定和配额的初始分配制度、监管制度、信息披露制度、抵消机制、未履约的惩罚机制。

（二）完善法制内在逻辑

完善法律制度的内在逻辑，首先是实现碳排放权交易监管的复合目标。实施碳排放权交易机制是政府利用市场机制来实现减排目标的过程，碳排放权交易机制既是一种环境规制工具，也是一种市场经济手段。排放行为是否合法，排放数据是否真实有效，市场运行是否正常有序，直接决定着碳排放权交易能否促进和实现环境、经济的可持续发展。这要求监管主体既要关注现实环境目标的过程与结果，也要关注其市场运行的秩序与效果。作为一种为实现环境保护目标而由政府主动构建的政策市场，企业排放数据的真实性直接决定着企业缴纳配额的数量，影响着配额交易的市场供求，并且会最终影响环境保护的实现水平。与此同时，作为一个配额交易市场，从其市场运行本身来看，其市场秩序是否良好、交易价格信号是否有效，直接影响着碳交易市场自身是否健康、是否可持续发展，进而影响这种市场交易机制是否能够真正起到促进资源优化配置、实现减排成本效益最大化的作用。碳排放配额交易的监管重点在于保证价格信号有效、交易行为有序，从而发挥市场机制作用，确保市场自身正常发展。

其次，碳排放权交易的特殊性要求政府同时对碳排放配额交易和碳排放行为进行监管。碳排放配额交易虽然表现为配额的买卖活动，但因其交易对象、交易规则特殊，碳排放配额交易与碳排放行为密切联系，碳排放配额交易监管需要碳排放行为监管提供基础和保障。对碳排放权交易配额活动的监督和管理，还需要监管主体对排放单位的排放数据进行监管，从而为碳排放配额交易提供准确、切实的判断依据。

由此可见，碳排放许可监管可以为碳排放配额及碳排放权的来源提供合法性，并且可以与碳排放核查制度一起强化对排放单位碳排放行为的监督，从而为碳排放配额交易提供真实、有效的排放数据，保障碳排放权交易机制的有序运行。另一方面，在对碳排放配额交易进行市场监管中，通过对排放配额交易市场秩序的监管和价格调控可以促进碳排放配额交易活动合法、合理地开展，对排放单位释放出合理的价格信号，引导、促进排放单位依法遵守碳排放监管规则、积极地采取碳减排行为。两者互相影响、有机联系，共同保障碳排放权交易活动的正常开展并促进其目标的实现。

再次，需要满足碳交易一级市场、二级市场监管要求。从碳排放权交易市场的层次来看，碳排放权交易市场可以被划分为一级市场与二级市场，碳排放配额交易的市场监管属于二级市场的监管内容，而一级市场的监管活动要求对碳排放行为进行监管。

所谓的碳排放权交易的一级市场，主要指政府向排放单位初始分配碳排放权时形成的"市场"，特别是当政府采用拍卖等有偿分配方式给企业分配配额时，这会形成政府与企业之间买卖配额的市场活动。但这并非真正的交易市场，只是碳排放权产生或被确认的初始分配市场，它包括国家行政主管机关依法通过许可、承认、核准等方式授予特定主体排放权的环节，使国家拥有的部分环境容量资源所有权转化为排放单位拥有的环境容量使用权，并为碳排放权进入流通领域奠定基础。与一级市场不同，碳排放权交易的二级市场是真正意义的碳排放配额交易市场。排放单位等市场活动主体在二级市场中以平等主体的身份，自主参与碳排放配额交易活动并展开公平竞争。

碳排放权交易的一级市场主要解决碳排放权的产生、来源、分配等问题，二级市场主要解决碳排放权及其表现的碳排放配额交易、转移等问题。如果以此一级市场与二级市场划分视角，那么政府对碳排放权交易活动的监管也可以相应地集中在两个层次：在碳排放权交易的一级市场中，政府监管主要解决碳排放权的产生、来源、分配等问题，以保证碳排放权来源合法、分配合理；在二级市场中，政府监管则主要集中在对碳排放配额交易活动的市场秩序监管和价格调控上。也就是说，与碳排放权的合法基础、权利行使密切相关的碳排放许可制度、碳排放核查制度等碳排放行为监管制度，也可以定位为碳排放权交易一级市场监管的内容。而且，以碳排放行为监管为重要内容的二级市场监管，能够保证碳排放权交易标的的合法性、真实性，并为二级市场的正常运作与法律监管奠定基础。

最后，为全程监管提供保障。碳排放权交易监管法律制度既应包括碳排放行为监管制度，又包括碳排放配额交易监管制度，前者具体表现为对排放行为合法性和排放数据真实性的监管，后者主要体现为对交易行为的合法性和交易价格的合理性的监督和管理。碳排放行为监管着眼于保证排放行为合法、排放数据真实，从而依法确定排放单位缴纳配额的具体数量，进而准确测量排放单位排放信息以保证更公平地分配配额和减排义务；碳排放配额交易监管在于维护配额市场的交易秩序、制止违法交易行为，而且通过价格调控保障碳排放配额交易的合理发展和促进经济社会环境的可持续发展。政府通过依法对排放单位的排放行为和配额交易行为进行监督和管理，促进碳排放权交易机制的正常发展，并以市场机制促进可持续发展。

五、消除非市场壁垒

（一）规范各行业减排技术标准

中国碳交易市场构建与运行需要各减排行业强有力的支撑与推动。碳市场运行涉及能耗监测技术、温室气体检测技术、总排放目标设定技术、各行业排放监测技术、可再生能源开发利用技术、新技术和新工艺等众多领域技术，整个支撑技术体系实质上是由减排行业诸多技术汇总而成的，具有多行业特征且需要相互协调。应该结合碳交易市场支撑技术复杂性，构建科学研究平台，通过科研成果的研发与推广，形成"科研院所＋重排行业""政府＋重排行业""第三方技术研发与推广"等产研结合技术支撑体系，加大科研成果转化率，然后通过科技推广部门对碳交易市场参与者加强相关技术培训，从根本上提高支撑碳交易活动的各项技术水平，促进碳交易市场效率。

基于碳交易技术支撑体系，以政府为主导结合各重排行业出台相关行业碳减排技术的标准化规程，以确保碳交易市场运行的支撑技术是可量化、便于监督、管理，最为关键的是要按照国际减排技术标准为依据，加快开发系列方法学和标准，设计满足国际市场要求的减排行业技术标准，并加以推广，使中国碳交易市场从构建之初就是站在全球市场技术水平高度来规范其运行。

（二）构建碳排放核查体系

在国际减排方法学和技术支撑前提下，结合我国重点排放行业特点，构建全国性碳排放技术支撑体系的同时，针对碳排放交易所开展的核查技术体系构建，是碳排放交易正常运行不可或缺的环节。

碳排放核查技术不仅需要保障碳排放的准确性，还要涉及核查的经济性，其最终目标是为可测量、可报告、可核查的碳排放 MRV 体系服务，形成碳核查管理技术规范。我国目前可基于国家所确定的电力、钢铁、建材、化工等减排行业，结合风能、水能、森林资源等参与国际 CDM 交易的较为成熟的清洁能源核查技术，循序渐进地形成技术监管体系。随着碳市场交易的深入开展，再增补其他减排行业碳核查技术管理规范，最终形成"全国碳减排监测技术体系＋具体行业技术规范"的运行机制，也可通过第三方核查机构来开展监测技术体系构建，提供相关支撑技术。

第八章

国际借鉴

当富裕国家沉浸在疯狂中,其精英和理论家正将债务危机、紧缩政策等"谜团"凌驾于一切诉求之上时,这些国家怎么可能会认同向气候变化进行大规模的资金和技术投资,并向发展中国家提供大量支持的必要性呢?当发达国家恐惧于一个崛起中的亚洲,并顽固认定发展中国家既不愿意也没能力消减其碳排放时,它们怎么可能认识到这一逻辑的残酷之处——对一个毫无出路的未来的恐惧——正好是深深鼓舞发展中国家谈判者奋发向上的因素呢?

——S. 卡尔塔(Sivan Kartha) 斯德哥尔摩环境研究所研究员

保障我国企业发展权、居民消费权的前提下,开展碳市场交易成了平衡经济发展与环境保护的合适选择——在采取多种市场手段降低碳排放这一整体思路下,世界不少国家做了有益的探索,值得我国学习和借鉴。

一、美国:自主碳减排交易

2003年美国芝加哥气候交易所投入运营,所涵盖了二氧化碳、甲烷、氧化亚氮、氢氟碳化物、全氟化物、六氟化硫等多种温室气体的减排交易。其总体目标有五个方面:第一,用透明的价格促进温室气体排放许可交易的执行;第二,建立必要的技能和制度,以有利于成本效益的方式管理温室气体排放;第三,促进公众和私人部门中温室气体减排能力的建设;第四,加强适当有效地减少温室气体所必需的智力框架;第五,在应对全球气候变化危机方面,加强公众告知和参与。

美国由此建立以芝加哥气候交易所为主导的地方自主碳减排体系。芝加哥气候交易所(CCX)是全球第一家规范的气候交易机构,也是全球第一个实施自愿参与且具有法律约束力的总量限制交易计划(VoluntaryCap-and-Trade)的交易机构。参与各方共同商议减排目标,其核心理念是"用市场机制解决环境问题"。

美国环境保护署在2009年出台《温室气体强制报告制度》,共有31个工业门类和种类,涉及美国国内约85%的排放源,需要上报温室气体的排放情况,并接受相关检测。基于相对成熟的报告制度和交易系统,美国的碳交易体系在全球处于相对领先的地位。在此基础上,以碳金融工具合约(Carbon Financial Instrument,CFI)为代表的金融交易工具,可以帮助企业实现碳排放额度的购买、储存。芝加哥气候交易所的多年尝试,也为其他国家提供了气候交易所建设的先例与样本。

芝加哥气候交易所推出的企业"自愿加入、强制减排"的模式,鼓励企业自愿开展温室气体减排活动,是对运用市场机制减排温室气体的一种尝试。能够在芝加哥气候交易所参与温室气体交易,对于参与其中的企业有着正面影响。这些企业在进行市场营销、开展品牌建设与维护社会形象时,参与过CCX温室气体交易这一因素,会起到很大的积极作用。

芝加哥气候交易所实行会员制度,所有参与交易的实体或个体都必须注册成为CCX的会员,包括福特和杜邦等世界五百强企业,也包括美国新墨西哥州和波特兰市等地方政府。CCX的会员分为七类,包括正式会员、协作会员、登记参与会员、抵消提供者、抵消整合者、流动性提供者和交易参与者。CCX规定,全体会员的共同利益包括:第一,降低财务、操作及名誉上的风险;第二,减排额通过第三方以最严格的标准认证;第三,向股东、评估机构、消费者、市民提供在气候变化上的应对措施;第四,建立符合成本效益评价的减排系统;第五,获得驾驭气候政策发展的实际经验;第六,通过可信的有约束的应对气候变化措施,得到公司领导层的认可;第七,及早建立碳减排的记录和碳市场的经验。

芝加哥交易所开展的碳交易,以限额交易和补偿交易两种模式为主。其中,限额交易是指在统一的规则下,注册会员逐年分步实现减排目标。而补偿交易是指当有会员有减排额可以参与交易时,交易所提供多种形式的交易模式。其交易过程:首先,CCX注册平台为其碳金融工具担任官方持有人记录系统,也是合约记录的电子数据库,用以记录和确定会员的减排履约和CFI(碳金融工具)交易状况。其次,CCX交易平台是一个通过互联网运行的在CCX注册账户持有人之间完成交易指令、成交确认并公示交易结果的系统。交易的标的是标准化的CFI,采取保证金交易,交易当天完成成交,次日交割。CCX作为一个基于网络的交易场所,其最大的特征是价格公开透明,不支持匿名交易和通过私下谈判协商达成的双边交易,保证交易的正常秩序。最后,清算和结算平台用以处理来自交易平台的所有交易活动的每日数据和信息。

近些年来,芝加哥气候交易所的发展也遇到了一些问题。其中,最主要的是碳交易中买卖失衡问题严重,碳配额交易平台上很多时候只有卖方而没有买方。这一问题的成因,一是美国在国家层面,没有法律保障统一安排。奥巴马政府时期,气候相关事项在美国国内进展不顺利,特朗普政府则在气候问题上不断"退约",更是在国家层面提供了负面的示范,碳交易活动缺乏法律层面的背书,使得企业缺乏动力去参与碳交易。另一方面,交易环节对于交易主体没有约束力,CCX主要依靠企业自愿参与自愿交易,这就使得碳产品的交易有很大的随意性,容易实现供求不匹配、参与主体逐渐减少等问题。

二、欧盟:完备碳市场尝试

欧盟碳交易市场(EUETS)于2005年1月正式启动,是在世界上最为完备的碳交易市场。该市场覆盖范围包括欧盟国家和挪威、冰岛等非欧盟国家，包括电力、钢铁、水泥、玻璃等多个行业。欧盟碳市场的欧委会与成员国主管部门（CA）两级管理模式，与我国碳市场的国家主管部门与地方主管部门管理模式具有一定的相似之处。欧盟及其成员国在碳交易方面的管理特点和经验，能够为我国建设全国碳排放权交易市场提供一些启示和借鉴。

欧盟近期将启动2005年其碳排放交易体系上线以来的最大规模改革。一份文件草案透露出欧盟全面改革现行碳市场的雄心，包括一次性削减免费碳配额，推动运营欧洲航班的发电厂、工厂和航空公司参与碳配额交易，并且要为航运、建筑供暖和道路运输推出一个新的碳市场体系。这些改革都是欧盟计划于2021年7月提出的一揽子政策的部分内容，以实现欧盟到2030年将净排放量从1990年的水平减少55%的目标。

碳市场减排目标需与欧盟总体气候目标保持一致。此前欧盟2030年减排40%的气候目标中，碳市场需实现到2030年与2005年相比减排43%的子目标。因此要实现55%的欧盟总体目标，碳市场在其中需承担的目标也应进行相应调整。这次的一揽子政策还包括欧盟碳边界调整机制（CBAM）。从推动碳关税进程，到削减免费碳配额、扩大碳市场范围，欧盟贯彻碳减排机制的决心可见一斑。但与此同时，更严格的气候政策将会带来更多挑战。在此次一揽子政策产生的气候政策体系之下，东欧一些国家面临着更为艰难的转型，因此欧盟向它们提供了财政支持，以应对这些挑战。

在英国脱欧前，英国的减排工作在欧盟内部处于领先地位。英国政府推动并设立了具有法律效力的、覆盖全国的碳削减承诺能源效率体系。这一体系以用电量超过600万千瓦时的企业或公共机构为对象。对其在电力使用和供暖中进行的碳排放活动进行监督。企业在年度之初，需要根据自身需求，购买一定数量的排放配额。如配额用完，会

第八章 国际借鉴

在年内有第二次的购买机会，但是第二次的价格，会高于第一次。一方面，减排工作成效好的企业，可以降低购买配额的费用；减排工作不力的企业，则需要付出较高的经济代价。另一方面，不及时报告、虚假报告等行为会受到相应的处罚。这一体系的有效运作使得英国在减排工作上成效明显。

荷兰作为欧盟成员国，在遵守欧盟统一规定的前提下，以荷兰气候交易所为代表的排放管理工作发展较为成熟。首先，荷兰气候交易所（Climex）交易品种丰富，规模较大，是较为成熟的碳交易机构。此外，荷兰国内排放管理局的工作很有成效。大量企业和组织被纳入监管，排放管理局组织内部分工明确，工作效率高。荷兰国内的减排工作形成了体系化、规模化的局面。在监测、登记、交易、监督等环节都有相对成熟的工作经验。荷兰目前纳入 EU ETS 的一般设施主要来自能源行业、食品加工业、航空业等。其中能源行业排放量占总排放量的一半以上。

荷兰排放管理局（Dutch Emissions Authority）成立于 2005 年，为独立机构，由环境部进行授权并提供经费，决策不受政治影响。该局主要职责包括 EU ETS 在荷兰的管理、推进交通行业可再生能源利用等。该局分为排放交易、可再生能源和战略组织三个下属部门，并设有执行理事会。执行理事会成员由环境部长任命，通常来自政府部门和相关行业，四年为一个任期，每月召开一次会议进行重要决策。在碳市场管理方面，荷兰排放管理局的排放交易处分为三个组：一是监测和分配组（七人），负责发放和撤销配额、批准监测计划、进行配额分配等；二是注册登记和市场整体性组（八人），负责开设注册登记系统账户、将配额分配至账户中、提供相关信息和答疑等；三是监管和执法组（八人），负责进行监督和现场检查、违约执法等。该局还视情况请一些法律、金融方面的专家参与工作。此外，该局还提供相关政策建议、分享经验、进行能力建设等。

在配额分配方面，荷兰排放管理局负责与控排企业沟通，收集和核对数据，计算配额，准备国家分配计划，向欧委会提供数据信息并进行配额调整等。由于 EU ETS 第三阶段的配额分配方法较之前更为复杂，荷兰排放管理局会聘请一定数量的咨询专家协助工作。在与相关方沟通方面，荷兰排放管理局注重与控排设施的沟通，每年举办四次与市场参与方的沟通会，主要针对控排企业、交易经纪人、金融机构、咨询机构等，各方就碳市场发展的相关问题交换意见，不做决策，不进行市场预测。在市场管理方面，荷兰排放管理局采取了危机管理、短期措施和预防欺诈等安全措施。危机管理措施包括关闭注册登记系统、审计、与相关方沟通等。短期措施包括安全日志和交易记录检查、身份检查、关闭增值税漏洞等。预防欺诈措施主要包括风险评估、进行 KYC 检查、提高 IT 安全性、完善法律体系等。在能力建设和答疑方面，荷兰排放管理局每年至少组织两次培训，还有针对注册登记系统、排放报告等具体工作的培训。此外还有各行业之间的交流会、针对新加入者的培训等。六人负责服务台工作，如有无法回答的问题，将转至部门负责人，如仍回答不了，将召集更高层面的工作组会议进行讨论。据统计，荷兰排放管理局每年进行检查 80 次，批准许可变更 550 次，回答 1 500 个问题，进行注册登记系统用户检查 300 次。2015 年，该局对未按时遵约、未按时提交报告、提交错误信息的控排企业开出了 16 张罚单，罚款总额约为 70 万欧元。

三、日本：碳排放总量交易

日本的碳交易体系开始于"东京都排出量交易项目"（TokyoCap-and-TradeProgram，TCTP）。该制度实行"强制总量控制"的原则，在

第八章 国际借鉴

规定排放总体数量的前提下,在开始年份分配给企业一定的排放额度,并在之后逐渐削减,最终达到减少碳排放总量的目的。在该制度的促进下,允许减排水平较高的企业,对于超出规定减排数量的部分进行交易,同时对于未履约和未达标企业处以高额罚金。通过综合手段,切实减少了城市整体的排放水平。

日本银行在国内减排工作中也做出了有益实践。日本政策投资银行属于国有银行,与普通经营性银行不同,该机构不以获取利润为目的,通过金融扶持促进日本社会的整体健康发展,在业务开展中对于企业有相对完善的环境保护评价制度。该组织引导金融机构将风险控制与环保社会责任有机结合,通过企业评价,对于符合标准的企业,即"环境友好型企业",提供低息贷款,对于在改善污染排放工作的企业有着很好的正向激励作用。

日本作为较早建立碳交易市场的国家,经历了两个发展阶段:第一阶段是2005—2010年,日本建立了自愿性排放交易体系(JVETS),由国内具有减排意识的企业自行加入,并采用配额交易的方式运行;第二阶段是2010年以后,日本在东京设立了世界上第一个限制城市排放总量的交易体系——东京都排放交易项目(TCTP)。埼玉县随后设立了碳排放交易体系,是对TCTP的进一步推广。

日本的碳交易市场主要以市场定价为主,政府引导的碳税为辅,覆盖广泛,包括能源、电力、商业等多个领域。从执行情况来看,日本的碳交易市场减排目标明确,履约机制严格。TCTP通过采用定期报告、严密监控、认证机制等方式促使成员单位落实排放配额的交易和存储,对于未能落实减排配额的成员单位将处以高额罚金。从减排效果来看,TCTP运行情况良好,能够实现年均20%的二氧化碳减排量,最高能够达到25%。TCTP成员单位的履约率较高,从第一年的64%逐步升高到90%左右。TCTP执行以及推广对于成员单位形成有

效约束，对于节能减排事业形成长远贡献

日本施行的排放交易机制是总量体系交易的模式，即设定排放的总限额，依据这一限额确定排放权的分配总量，再以一定的分配方式分配给受管控企业，企业获得配额后可以按需进行交易。完善的总量控制排放交易机制包括减排目标、覆盖范围、配额分配、履约机制和灵活性机制。考虑到2005年日本各地的排放仍处于上升期，因此东京都的减排目标不断趋于严格。此外，随着履约阶段的不断深入，总体限额也逐渐趋紧。在覆盖范围上，TCTP涉及1 325个设施，且多以商业建筑为主。配额分配基于历史排放的"祖父法"，也即免费分配为主。在交易初期允许排放配额储蓄，但禁止借入配额。这样的规定在初期有利于交易机制的稳定。同时，还规定了多种减排额度抵消类型，并预设价格管理条款。在履约方面，严格的监控、报告、认证机制是排放配额分配、交易和履约的基本保障，也是交易机制的重要环节。对于未按期履约的实体，高额的罚金将形成强大的威慑，保证履约的顺利执行。以TCTP为模板进行推广可以减少政策成本，并为未来日本其他城市碳排放交易体系的建设提供有力的支持和借鉴。其表现主要有两点：

第一，顺利实现减排目标。TCTP自2010年开始运行到2014年，经历了一个完整的履约期间，即2010—2014年第一个履约阶段。从东京都环境局的最新数据来看，TCTP运行良好，减排成绩喜人。与基准年排放相比，TCTP施行后的第一年，就实现了13%的CO_2减排量。2011年又再上台阶实现22%的减排量，2011年3月"东日本大地震"的发生曾被认为是2011年碳排放大幅下降的重要原因。但2012年经济活动和能源消费回归正常后，碳减排量仍稳定在22%，这说明危机前节能减排措施已经生效。东京都政府在此后针对减排实体进行的问卷调查也表明减排措施确已改变了参与者的能源消耗模式。

2014 年 TCTP 已经实现了 25% 的减排量。

第二，参与实体的履约率高。所有参与实体的履约率不断提高，交易体系第一年实现 64% 的履约率，从 2011 年开始履约率大幅提升至 93%。TCTP 第一阶段（2010—2014 年）要求商业类设施减排 8% 以上，工业类设施减排 6% 以上。经过第一阶段的过渡，第二阶段（2015—2019 年）的减排要求分别提升至商业设施 17%，工业设施 15%。在第一个履约阶段，满足排放义务的比率已经稳定在 90% 以上，而且 2011—2013 年已有平均 70% 左右的参与实体达到第二阶段的减排义务，也就是实现减排比率 17% 或 15%。以上数据表明，TCTP 下的参与实体已基本消化强制减排带来的压力，并从中看到节能减排的长远收益。

四、印度：探索碳期货和碳融资

印度作为世界人口第二大国、经济总量超过 2.8 万亿美元的主要经济体，在衡量全球碳排放时不容忽视。印度能源结构与我国类似，煤炭在一次能源中占比超过 50%，碳减排经验于我国而言有一定的借鉴意义。2005 年 8 月，印度对外宣布发展新能源的政策，希望通过发展包括水电、光电、风电在内的新能源，来逐渐实现能源独立的目标，并将这一目标的实现设置在 2030 年前后。

印度在发展碳交易市场上率先为发展中国家做出了榜样。印度的大宗商品交易所（MCX）和印度国家商品及衍生品交易所（NCDEX）先后推出了 EUA 期货和 CERS 期货，标志着真正意义上建立了碳交易市场。印度广泛积极地与欧盟各国及欧洲公司开展合作，使得在碳交易二级市场上，通过把相应指标卖给对方而获得更多的资金用于研发本国的低碳能源技术。印度的碳交易市场从机制上调配了各类参与者，其中包括国有企业、中小企业、私营企业，甚至个人，实现了碳交易到碳金融的催生。这个动态催生机制使得碳交易市场有更丰富的渠道且更容易获得融资，活跃的碳交易市场为节能减排、开发可再生能源提供了市场机制。

银行业在印度绿色经济的实践进程中，起到了引领作用，在绿色经济活动金融支持、自身低碳化运营等方面，均有所建树。印度银行业旨在提高对绿色经济活动支持力度的"特色定向融资"，结合了绿色资金、绿色投资、绿色技术等理念，为印度经济社会的低碳发展注入了动力。例如，印度小产业发展银行为孟买出租车协会在高污染汽车的置换项目上，提供了金融支持。巴罗达银行则开展了一个项目，为中小企业购买节能设备与服务、采取节能措施提供资金。印度国家银行与一财团签署了备忘录，为实施清洁发展机制项目提供资金支持和咨询服务，以及碳金融领域的高附加值产品（如碳权应收账款证券化、碳权交易担保以及碳权托管机制）。印度国家银行还制定了一个新的绿色家园贷款计划，支持环保居住项目。该计划提供一定比例的优惠，如保证金优惠 5%，利率优惠 0.25%，印度绿色建筑委员会（IGBC）评级项目的手续费则为零。印度国家银行拥有风力发电场，其在泰米尔纳德邦、马哈拉施特拉邦和古吉拉特邦的支行就使用风电，在一定程度上取代了热电消费。印度工业银行在开展自身业务时，大力推广太阳能 ATM 机，在清洁能源的推广上做出了有益探索。

此外，印度在避免资源浪费方面，还有一个小细节很值得我国借鉴，那就是被称作"达巴瓦拉（印地语，意为'盒饭人'）"的外卖配送人员与相应的制度安排。诸多学者从管理模式、人员配置、交通方式联运等角度对该模式进行过研究，对于这种服务模式赞许有加。仅从节约资源的角度来看，该服务模式就有它的可取之处。不同于我国以一次性材料为主的外卖包装,印度的"盒饭人"采用可回收的金属材料来进行餐食的配送与包装的回收。这个细节与发展新能源相比看似是小事,但是不容忽视,我国的在线外卖行业,仅仅在 2018 年就产生了 200 万吨的垃圾,这些本来是完全可以避免的。

第九章

数字化减排

没有掌握底层的运行机制，是不可能真正理解经济发展的内在规律的。好的理论或者对现有理论的完善，需要理论工作者熟悉并关注历史性和经验型证据。要了解发展就需要调查影响发展的机制问题。我们正在走向一个更依赖互联网的世界，拥有和熟悉相关资源、技能的人和国家将从中进一步获益。

——安格斯·迪顿（Angus Stewart Deaton） 苏格兰经济学家
2015年诺贝尔经济学奖获得者

数字化是发展的主旋律之一,云计算、人工智能、物联网新兴技术高速兴起,带动 5G 基站、数据中心等新基建产业蓬勃发展。与传统生产要素一样,数据的量质齐升将带动数字经济相关产业,为新技术的研发提供算力支持与创新之源。技术进步带动算力增长,算力进步反哺技术突破,为数字经济增长和低碳可持续发展不断赋能。

一、数字化浪潮:推动减碳

数字技术浪潮的兴起,为全球和中国的碳减排提供了巨大的潜力,主要体现为三大效应:降低数字产业自身碳排放的"直接效应",推动其他产业减少碳排放的"间接效应",以及通过构建碳市场核查碳数据等产生的"补充效应"。

研究表明,互联网对工业绿色全要素生产率提升具有促进作用(卢福财等,2021),ICT 产业对中国二氧化碳减排具有显著贡献,而且对中部地区二氧化碳减排的影响大于东部地区(Zhang,Liu,2015)。二氧化碳减排主要依赖技术进步的推动,CO_2 减排技术进步变化率、CO_2 减排技术效率变化率、能源使用技术进步变化率和能源使用技术效率变化率这四个因素对 CO_2 减排效率和变化率有较强的正影响(张伟等,2013);技术进步带来的理论减排率为 5.66%,在考虑到存在反弹效应的情况下,实际减排率依然高达 2.1%。因此,通过技术进步提高能源使用和碳排放的技术效率和技术水平是提升我国全要素碳减排效率的关键因素。

GeSI and BCG（2012）在《更加智能2020》（*SMARTer 2020*）报告中提出了数字技术推动碳减排的"变速杆"（change levers）模式，对数字技术减少碳排放的不同方式进行分类，主要包括通过数字化和非物质化替代或消除对排放密集型产品或过程的需求，通过实时的数据收集、分析、沟通、反馈和学习以实现更好的决策，通过系统集成更有效地管理资源的使用，通过仿真提高效率并实现流程的重新设计和功能优化。

根据众多机构对数字技术的碳减排潜力进行实证测算，虽然具体数值方面存在差异，但是结论均一致表明，数字技术具有巨大的碳减排潜力。国际电信联盟（2008）相对乐观地估计，数字技术能够为全球碳减排提供解决方案，减少产自其他经济部门的97.5%的排放量。GeSI and BCG（2012）也预测，从2011年到2020年，ICT的广泛应用可减少9.1亿吨二氧化碳当量（GtCO$_2$e）的温室气体排放，相当于同期ICT部门碳排放量的七倍以上，约占全球温室气体排放总量的16.5%，总计节省1.9万亿美元的能源和燃料成本。Belkhir and Elmeligi（2018）的研究表明，到2020年，ICT部门对全球碳足迹的贡献率将从2007年的1%—1.6%大约翻一番达到3%—3.6%，如果碳排放的年均相对增长率为5.6%—6.9%，那么到2040年，ICT部门的相对贡献将超过2016年全球温室气体排放水平的14%。GeSI and Accenture Strategy（2015）联合更新的《更加智能2030》（*SMARTer 2030*）报告中预测，ICT有望到2030年时将全球二氧化碳排放量减少20%，使其保持在2015年的水平，减排量几乎达到同期ICT部门排放量的十倍，从而使得经济增长与排放增加有效脱钩，意味着我们可以避免经济繁荣和环境保护之间的权衡取舍。

GSMA（2020）的研究发现，2018年移动互联网技术使全球温室气体排放量减少了约 21.35 亿吨二氧化碳当量，相当于俄罗斯每年的二氧化碳排放总量，节省的排放量几乎是移动互联网行业自身的全球碳足迹的十倍。其中智慧生活、工作与健康约占当年减排量的 39%，其次是智慧交通与城市（占 30%）、智能制造（占 11%）、智慧建筑（占 10%）、智慧能源（占 7%）、智慧农业（占 3%）。

ICT 在中国最具潜力的四个领域是智能能源、智能制造、智能农业和智能移动解决方案。预计到 2030 年智能制造和智能移动的减排潜力超过 50%（GeSI，Accenture Strategy，2015）。数字化程度的提升能够从互联网产业和能源结构转型、智慧城市、交通等多角度反映经济活动效率与低碳化程度，数字经济将通过降低碳排放强度及人均碳排放量，对碳减排、碳达峰和碳中和贡献重要力量。

二、数字化生活与居民减排

联合国环境规划署（2020）在一份报告中指出，改变生活方式是持续减少温室气体排放和缩小排放差距的先决条件。根据基于消费的数据核算发现，全球约三分之二的排放与私人家庭活动有关，其中最重要的是交通、居住和粮食，每一项都占生活方式排放的近 20%。对中国的研究也表明，人均家庭消费的增加推动了碳排放量的增长，1992—2007 年间我国居民消费产生的二氧化碳占我国碳排放总量的 40% 以上。改变家庭消费商品和服务的组成结构，促使生活方式和消费模式从高碳密集型产品与服务向低碳密集型产品和服务转变，将对减少二氧化碳排放具有重要作用，而数字技术将在其中具有重要价值。

数字化生活带动消费方式从线下到线上的转型，如电子商务、智慧教育和远程医疗等，使购物、教育、医疗等从线下向线上迁移，以远程交易服务替代当面交易服务,集中配送相比分散购买、远程教育与诊疗相比外出学习与就医更能减少因交通出行导致的碳排放。其次,消费产品形式从物理向数字的转型,如电子书、数字电影、数字音乐等数字内容为代表的产品形式替代纸质书、胶片或 CD 电影、磁带或碟片等物理产品,不仅能够降低因出行导致的碳排放,而且能够降低产品生产和消费过程中的碳排放。再次,众多个人工作方式由线下到线上的转型,以远程会议和电子合同等替代差旅会议和纸质合同,减少因公出差与合同邮寄导致的碳排放,如联合国环境规划署(2020)所强调的,放弃一次长途飞行有可能使个人年排放量平均减少 1.9 吨二氧化碳当量。腾讯会议产品上线仅 245 天用户数就突破一亿,成为近年来用户增速最快的产品,有效满足对远程会议和企业管理的需求。最后,居民能源消费中加强对家庭用电设备的智能监测与管理,更多地使用智能电器,实时了解不同电器产品的电力消耗及其导致的碳排放,及时关闭暂不使用的电器产品,可以显著减少对电力资源的浪费。

三、数字化转型与企业减排

"绿水青山就是金山银山。"数字技术有助于推动绿色发展,加速企业层面的数字转型和绿色转型,例如大数据应用扩大清洁能源技术的应用和成本下降空间,提升风电和光伏发电可预期性,促进电力供需更好匹配等等。根据华为和牛津经济研究院数据,过去 30 年数字技术投资每增长 1 美元,都将撬动 GDP 增加 20 美元,是非数字技术投资平均回报率的 6.7 倍。在适当的政策和投资条件下,数字技术可使 2025 年全球 GDP 增加 1.7 万亿美元,增长率提高 1.9 个百分点。根据麦肯锡数据,到 2025 年数字技术(包括物联网、大数据、自动化和在线人才平台四种技术）可拉动澳大利亚GDP增长率上升0.7—1.2个百分点。根据埃森哲数据，到2035年人工智能有潜力使中国经济总增加值提升7.111万亿美元，拉动经济增长率上升1.6个百分点，其中制造业、农林渔业、批发零售业将成为从中获益最多的三个行业，到2035年人工智能可推动这三大行业的增长率分别提升2、1.8和1.7个百分点。

数字技术的赋能效应显著，有助于推动传统产业优化资源配置，实现转型升级。传统行业数字化转型的潜力巨大，世界经济论坛（WEF）在《数字化转型倡议》中指出：2016—2025年的十年时间内，各行业的数字化转型有望带来超过100万亿美元的产业价值和社会价值。其中，消费品、汽车、物流、电力、电信、航空、石油与天然气、媒体、采矿、化学等十个行业在十年内由数字化转型所释放的产业价值将达到12.7万亿美元。

数字经济将推动产业结构的低碳化转型。一是数字产业化进程的加快，促进了以计算机、通信和其他电子设备制造业等先进制造业和信息技术、软件和信息服务业等生产性服务业的创新与发展，这些产业本身即是低碳排放的行业，随着这些行业在整体经济中所占比重的提高，碳排放量将会逐渐降低，从而推动了产业结构由高碳排放型向低碳排放型的转型升级。根据《中华人民共和国国民经济和社会发展第十四个五年规划和2035年远景目标纲要》，2020年我国数字经济核心产业增加值占GDP比重已达到7.8%，到2025年时这一比重将提高到10%，对碳减排做出显著贡献。二是产业数字化进程的加快，促进了传统产业中生产流程、产业组织、价值环节等的解构重组，优化生产经营过程中的能源配置结构，提高清洁能源对化石能源的替代程度，促进传统产业的能源消费效率提升，并降低各行业单位产出的能源消费强度，以此来减少传统产业的碳排放。腾讯研究院发布的"数字中国"指数表明，第二次产业占 GDP 比重与数字中国指数存在显著的负相关关系。

（一）数字产业发展优先减排

发展数字经济，推动产业结构和能源结构的优化调整，实现减少二氧化碳排放。根据世界经济论坛数据，到 2030 年各行各业受益于 ICT 技术所减少的碳排放量将达 121 亿吨，是 ICT 行业自身排放量的 10 倍。根据 techUK 数据（2020），ICT 的充分应用可以将全球排放量减少 15%—20%。《指数级气候行动路线图》（2018）的数据表明，数字化可减少全球 15% 的排放量。数字技术的应用能够直接减少各领域的碳排放量。根据国际能源署（IEA）数据，将数字解决方案应用于卡车的运营可以将公路货运的能源消耗减少 20%—25%。IEA 估计，到 2040 年智能恒温器和智能照明的应用可以把住宅和商业建筑的用电量降低 10%，从而累计节省 65 皮瓦时（PWh）。此外，基于全球现有数字技术在所有发电厂和电网基础设施上的部署，每年发电总成本将削减约 5%。

互联网和电子商务技术的发展有助于减少社会经济活动对物质资源的消耗，减少相应的碳排放量。共享网络中，每辆汽车的使用可减少 20 辆汽车上路（里夫金，2012），加拿大魁北克每年通过汽车共享减少二氧化碳排放 16.8 万吨（CRE-Montréal, Équiterre and Communauto, 2007）。根据亚马逊发布的数据，其每次配送可减少 100 多次外出购物。相较于到实体商店购物，电子商务产生的碳排放量平均降低了 43%。根据艾瑞咨询的研究，在每年 1 万—2 万公里的行驶范围内，共享单车相比汽车可减少 1.64—3.38 吨碳排放量。

第九章　数字化减排

信息通信技术蓬勃发展，ICT 行业产生的碳排放量占比反而逐渐下降。根据 GeSI《SMARTer 2030 报告》，到 2030 年，ICT 行业的碳排放量预计达到 1.25 吉吨，占全球排放量的比例由 2020 年的 2.3% 降至 1.97%。大型科技公司可以在应对气候挑战中发挥巨大作用，它们的零排放承诺为整个经济领域树立了榜样。在数字化、人工智能和信息系统方面的研究，可能会改变规则，创造实现净零排放所需的更智能、更灵活的能源系统。

科技行业如电信运营商及数据中心，通过技术手段实现节能减排，AI 已经广泛用于通信行业的电能使用的优化中，AI 算法可用于 IDC 的运维和管理，优化其电能使用。AI 技术在故障预测分析、系统性能调优、内部服务等方面应用，可实时对数据中心环境控制，如通过控制冷却系统实时资源调配以降低能耗。在谷歌、万国数据、中兴通讯等企业中都能看到 AI 助力的身影：2016 年，谷歌联合 DeepMind 将 AI 系统部署于数据中心，通过控制 IDC 的服务器和制冷系统等部分组件来减少能耗，报告表明 DeepMind AI 将谷歌公司的数据中心冷却费用减少 40%。万国数据在国内率先采用 AI 数据中心布局，目前弱电和软件开发设计都要确保未来能够做到 AI 适用，实现基于 AI 算法进行控温，以及利用机器人进行自动巡检、故障自动应急等，大大降低对运维人力的需求以及大幅灾难预警的敏捷性。中兴通讯基于自研的 AI Explorer 平台开发的 AI 算法系统，能够基于采集自制冷系统、电力系统的数据在 AI 中台进行数据治理，基于 AI 算法学习优化运行策略，通过调控参数实现最高可达 15% 的节能效果。

5G 时代，基于 AI 的智能节能技术方案可以实现多制式网络的整体节能效果，在无线接入网具备较强的灵活性、扩展性及持续演进能力。AI 系统能够基于历史数据构建学习模型，并通过不断产生的实时数据对模型进行修正，实现"智慧节能"的效果。中兴通讯提供的 AI 节能方案自 2019 年起已在国内多地运营商部署，累积应用规模超过 10 万小区，可有效降低基站 10%—15% 的能耗，每千站点可实现年节电 150 万—200 万度。比如典型的功能包括：节能场景识别，在小区场景中，AI 系统能够自动识别基础覆盖小区和补热小区，支持与基站设备及 OMC 管理平台的接口，热点覆盖小区可根据业务量等指标变化进入节能模式，实现更灵活的节能效果。节能策略选择基于业务预测结果，通过强化学习算法实现对节能策略的自动选择、调整、配置更新和自动执行功能，同时满足预设置的节能目标和 KPI 目标。

数据中心占 ICT 行业碳足迹的 28.8%——数据中心的耗电量并不和处理的数据规模同步增长，效率的提高可以使能耗占比几乎保持不变。根据国际能源署（IEA）数据，2010—2019 年，全球互联网流量增长了 11.1 倍，数据中心工作负载增加了 6.5 倍，而数据中心能耗却仅增长了 6%。尽管数据中心为更多的人提供了更多的服务，但用电量仍保持占全球 1% 左右水平，与 2010 年持平。劳伦斯伯克利国家实验室（LBNL）的研究表明，美国数据中心的规模尽管一直快速增长，但耗电量的增长率却不断减缓，从 2010 年开始趋于稳定。与 2015 年相比，谷歌以相同的电量提供大约七倍的计算能力——正如库梅定律所描述：计算机的能源效率大约每 18 个月翻一番，即计算设备的耗电量每 18 个月就会下降一半。

2019 年美国五大科技公司在直接排放和基于市场的电力排放两个方面，排放量总计约为 1 300 万吨二氧化碳当量；加上商务旅行、员工通勤、制造和建筑等排放，总排放量约占全球的 0.3%。与应用于能源系统及其他数字解决方案的巨大潜力相比，这些公司及其供应链的脱碳活动，对全球碳排放的直接影响并不明显。尽管这些公司的业务遍及全球，但他们可再生能源的购买和投资往往集中在美国和西北欧。大型科技公司利用其财务实力在发展中国家和新兴经济体进行可再生能源投资，新兴经济体的数据需求将快速增长，需要建立新的数据中心，都是纳入新气候承诺中的机会。另外对科技公司而言，如何利用自身力量，给整个能源系统带来根本性的变化，这一命题也值得投入更多力量研究。

（二）数字化转型加速制造业减排

数字技术对碳减排更大的贡献在于，通过产业数字化推动传统产业的网络化、智能化转型，尤其是针对水电燃气生产、金属冶炼、非金属矿物、设备制造等高碳排放行业，更需要加快产业数字化步伐。在这些行业中，火力发电、冬季供暖、金属冶炼等生产环节，需要投入大量的化石能源，能源燃烧直接排放了超过一半的碳排放。如水泥制造是碳排放的重要来源，其原因在于水泥主要由石灰石高温煅烧而来，而石灰石的主要成分是碳酸钙在煅烧过程中会分解释放出二氧化碳，其排放量占到了总排放量的 10% 左右。

不仅如此，在制造业内部中的很多行业部门并不直接消费化石能源，而是通过电力消费间接排放大量二氧化碳。如有学者发现在汽车制造业中，电力消费排放的二氧化碳占行业排放总量的 97.36%，其中涂装环节的排放量在所有生产环节中的占比超过一半。但是同时也有学者指出，由于电力、钢铁、建材等高耗能行业本身所具有的碳锁定效应，短时期内很难通过产业结构调整来实现减排，未来中国节能减排工作的关键在于以新型工业化调整能源结构，加快技术改造，淘汰传统落后的生产工艺。产业数字化进程为传统工业部门的智能化转型升级提供了重要的解决方案，通过提高传统产业部门的数字化水平，提升效率，能加速降低其直接或间接碳排放。

四、能源互联网驱动减排

(一) 释放数字化潜力提效

风能和太阳能光伏正在推动低碳电力供应的增长,加大对风能和太阳能的应用,是向清洁能源过渡的关键。事实上,风险资本和大型科技公司正推进零碳承诺,除了风能和太阳能,它们还投资于氢和电池存储,以确保数据中心由清洁电力全天候供电。先进的数字技术可以通过以下几种方式帮助更广泛的电网脱碳:

第一,需求侧具有尚未开发的灵活性潜力。各种电器可以根据天气变化和可再生能源生产做出反应来调整其消耗。这需要大量的单个设备进行微小的调整,需要对来自连接设备的需求响应进行汇总和自动化。这对于电气化交通尤为重要:不受控电动汽车充电通常与高峰时段(边际电力来源为天然气甚至煤炭)同时发生。车主即便愿意,也不大可能掌握调整充电所需的信息。停放的电动汽车需要与系统运营商通信,彼此共享网络容量,并根据可再生模式调整其充电量。

第二,数字化可以补充网络容量。电力使用的增加需要扩展传输和配电网络,但是在许多国家,建设新线路都很困难。物联网在电力网络上应用,可以使运营商更准确地了解线路和电流的状况,从而使他们能够在不增加物理足迹的情况下扩大传输容量。基于 AI 的数据技术可以更精确地预测风电、光伏产量,从而在保证能源安全的情况下提高可再生能源的份额。可再生能源普及率达到较高水平时,将需要其他技术解决方案如智能逆变器保持电网稳定性,逆变器将需要非常快速的数据交换和控制,保持网络安全。"数字—能源"关系中的大多数创新是由初创企业或常规电网运营商的数字化活动推动的。

能源转型必须包括全面提高能源效率,而数字化可以极大地加快能源效率的提高。近年来，由于计算和基础设施的效率提高，以及云计算和超大规模数据中心的份额增加，数据使用、网络流量和电力使用之间出现了显著的分离。随着大型科技公司超大规模数据中心的能源使用量迅速增长，需要进一步提高能源使用效率，以限制未来十年能源需求的增长。在建筑节能领域，改造旧建筑既费时又难以扩大规模，机器学习的应用可以克服这一问题。从具有 200 年历史的欧洲歌剧院到加利福尼亚的豪华度假胜地，网络、连接器件、传感器的使用、实时测量和微调控制可以节约大量能源。在运输领域，优化卡车运营和物流的数字解决方案可以将公路货运的能源消耗和排放减少四分之一。

（二）能源与工业互联网脱碳

1. 数字技术与能源互联网

能源互联网作为数字革命和能源行业深度融合的产物，将深刻改变能源的生产、传输、销售方式和人们的生活工作方式，成为推动能源结构转型、提高能源利用效率、实现节能减排和可持续发展的重要途径（孙宏斌等，2015）。陈继东等（2019）总结了能源互联网在能源供给方面的作用。一是在能源生产方面，电力、石油、天然气等传统能源供应商正在加速数字化低碳转型，通过应用天气预测分析、资产及交易管理工具等数字化技术，能源生产者得以更快速地响应市场需求，灵活开展能源生产和储存；并通过全球化的运营模式，进一步降低固定成本，改善项目的资本运营表现。二是在能源传输方面，电网、油气管道等能源输送网络运营商正在向数字化、智能化方向转型，能源输送网络运营商通过网络运营模式优化、能源输送能力升级、商业模式创新等方式实现效率提升和服务增值。三是在能源销售方面，多元化的市场参与者为客户提供数字化赋能的零售服务，围绕着消费端的用能需求和生活方式，提供一系列新的运营支持服务、绿色节能服务、数字化生活服务和灵活的产销一体化服务。

能源互联网的价值在于通过应用数字化技术，生产者可以更快速、更灵活地开展能源生产和储存；借力全球化数字运营，能源网络（电网）可以降低成本，在传输领域，智能化、网络化模式优化输送能力；使用者可以创新商业模式，实现生产效率提升；能源消费和服务方面，可以由多元的市场参与者围绕消费端的精准数据及万物互联（IOT），提供一系列绿色节能数字产品和服务，实现能源生产消费全链条的绿色转型。

在能源消费方面，利用数字技术对传统产业进行数字化、网络化、智能化升级，有利于加强不同区域和不同主体之间在能源调度与利用上的协同，推动工业、建筑、交通、消费等领域的数字化节能，提高单位能源的产值增量，逐步降低能源强度，减少二氧化碳排放（邬彩霞，高媛，2020）。通过在更多的生产设备中嵌入智能传感器，结合高级数据分析以优化传统产业的生产制造流程，更加精准和动态地预测用户或企业的能源需求，从而改善能源服务的响应能力，降低能源需求的峰值负载，实现最优的过程控制，对碳减排具有至关重要的作用（IEA，2017）。通过建设全球能源互联网，推动清洁能源对化石能源的消费替代，将有助于减少联网区域的二氧化碳排放量，冯晟昊等（2019）表明，与2011—2017年的基准情景相比，到2050年，中国累计排放量将累计下降约1.0%。

在结构调整方面，能源互联网一是重塑能源生产结构。以数字化技术革新发电过程，投料数字化监测与智能配比，可提高能源利用效率。以数字化带动水、风、光多能互补，对不同清洁能源进行合理匹配，可改善光能、风能等清洁能源发电存在的输出不稳定问题，推动能源生产结构的低碳化转型。二是促进能源供需匹配。以数字技术构建智能电网,更新传感、测量、控制及决策支持系统,可改善电能质量,提高供电灵活性,保护电网安全。数字技术可聚合并优化分布式能源(Distributed Energy Resource,DER),构造虚拟电厂,通过更高层面的软件构架实现多个 DER 的协调优化运行,提高 DER 输出的稳定性,降低调度难度及对公网的冲击,有利于资源的合理优化配置及利用,从而起到碳减排的作用。

国家电网于 2021 年 3 月发布"碳达峰、碳中和"行动方案,将推动电网向能源互联网升级,包括加强"大云物移智链"等技术在能源电力领域的融合创新和应用,促进各类能源互通互济,源网荷储协调互动,支撑新能源发电、多元化储能、新型负荷大规模友好接入。加快信息采集、感知、处理、应用等环节建设,推进各能源品种的数据共享和价值挖掘,到 2025 年将初步建成国际领先的能源互联网。

2. 工业互联网赋能减排

把握数字化、网络化、智能化的发展方向,统筹推进数字产业化和产业数字化,全面部署 5G、工业互联网、数据中心等新一代信息通信基础设施建设,实施制造业数字化转型行动、智能制造工程、中小企业数字化改造等,促进新一代信息技术与制造业充分融合、制造业与服务业深度融合。工业互联网以数据为核心,基于传感器集中收集的海量数据,结合软件平台和大数据分析技术来实现工业自动化控制、智能化管理。在工业互联网赋能下,企业生产力和工作效率得到提升,同时能源使用和碳排放有效减少,实现节能增效。

工业互联网平台通过监测和管理能耗数据,提高能源利用效率。碳中和将推动对下游软件应用层,诸如能源监控、预警等细分领域的需求,为下游提供数字化解决方案的公司带来业务机会。如能源管控类 SaaS 企业可以将企业生产过程中产生的各类能耗及影响能耗的相关指标通过物联网技术采集到云端，通过对数据分析、优化提供降低生产运维能耗的预警及解决方案；工业云平台企业能够基于云平台及其搭载的工业 APP 为制造业企业赋能，实现控费增效。

国内工业互联网企业积极探索新业务模式。如联元智能致力于成为能源领域的工业互联网 SaaS 平台提供商。公司为工业、商业、数据中心、楼宇等多能耗等级的 B 端用户提供整体能效解决方案，能够在线监测能源使用效率，实现能源的精细化管理，帮助客户减少碳排放。如公司通过助力上海某领先热电企业开展智慧能源服务，实现年能源成本下降 1 500 万元，年碳排放量下降 4.42 万吨，能耗量下降 17 000 吨标煤。东方国信旗下的 Cloudiip 是国内领先的国产工业互联网平台。该平台支撑了炼铁大数据平台、锅炉云服务平台等多个工业应用子平台，同时搭载了大量实用工业 App，通过围绕以数字赋能企业来助力企业实现节能降耗以及生产效率的提升。例如，炼铁云平台已应用高炉单座单年创效达 2 400 万元；风电云平台可为企业每年节约 30% 维修费用；锅炉云平台可降低单炉能耗 15%。

下一步，如何发展更低能耗的数字产业，更好规划、建设、运行数字城市网络，如何依靠人工智能（AI）和工业互联网提高能耗管理水平，都是未来减排和低碳发展的研究方向。

五、数字化减排的新空间

（一）发挥大型科技公司的优势

难以脱碳的部门排放大量二氧化碳，能源系统仍然复杂，大型科技公司（Big Tech）可以发挥重要作用，主要包括在新技术的发明、新材料的应用、新生产模式和智能制造方面的投资等。即使在数字化时代，科技公司的产品也依旧依赖于工业制造；生产智能手机的碳足迹从铜矿里的重型机械开始；当客运航空业因新冠肺炎疫情而崩溃时，电子商务使货机依旧保持着从中国生产商飞向欧美消费者的强劲势头。大型科技公司最近才开始为其产品寻找低碳替代品。

材料行业和风险投资公司都在努力创造可行的商业模式，但使用低碳技术、材料开发在十年间处于投资不足状态，大型科技公司完全有能力介入低碳塑料。低碳塑料作为无差别商品的价格可能过分高昂，但它们的生产成本只是平板电脑价值的零头。大型科技公司可以利用其高附加值应用、资产负债表和风险承受能力，在弥合此类产品的"死亡谷效应"方面起主导作用。最有前途的例子是双管齐下：科技公司为低碳塑料研发和扩大规模提供风险资金，还充当新的低碳塑料的固定消费用户。

大型科技公司需要坚持以智能制造为主，加强对传统行业的转型改造。腾讯研究院（2021）提出"数实共生"的理念，认为传统产业要通过数字技术改进设计、研发、生产、制造、物流、销售、服务，创造新业态、新模式，实现产业结构调整和创新升级。腾讯 WeMake 工业互联网平台旨在成为工业互联网的"连接器""工具箱"与"生态共建者"，将强大的云计算、物联网、大数据、人工智能、5G、安全等数字技术以平台化的方式输出给全行业，有助于规模化降低制造企业云化、数字化、移动化与智能化的门槛。

大型科技公司应将气候承诺扩展，鉴于现有能源基础设施的排放和能源系统的惯性，直接空气碳捕获技术极有可能被大规模应用。大型科技公司可以在帮助开发和早期部署直接空气碳捕获技术和其他碳捕获、利用与封存技术（ccu/s）方面发挥重要作用，还可以促进其他关键清洁能源技术的推广，包括绿氢、长期储能、核能和地热能。

美国的大型科技公司在碳中和领域走在前列，部分企业已经实现碳中和以及 100% 可再生能源使用，其经验值得我国借鉴。谷歌是世界上第一家实现碳中和的 Big Tech 公司，从 2007 年开始实现碳中和，其全球业务（包括数据中心和办公室）于 2017 年实现 100% 使用可再生能源。通过购买高质量的碳补偿，谷歌于 2020 年抵消了其全部碳遗产，成为全球首家实现生命周期净碳足迹为零的企业。2020 年谷歌发布"第三个十年的气候行动"，承诺到 2030 年在全球范围内实现 24 小时全天候采用无碳能源（carbon free）的目标。

微软自 2012 年开始就已实现碳中和。2020 年 1 月，微软宣布将在 2030 年实现碳负排放；到 2050 年还将从大气环境中消除部分碳排放，总量为自 1975 年公司成立以来的碳排放量总和，包括直接排放或因用电产生的碳排放。微软还承诺，到 2025 年实现 100% 采用可再生能源（所有数据中心、建筑、园区等）。

苹果公司的数据中心自 2014 年起全部采用 100% 可再生能源供电，在 2018 年实现自身的场所设施（零售店、办公室、数据中心等）100% 采用可再生能源供电。目前，已有超过 70 家供应商向苹果公司承诺 100% 使用可再生能源制造 Apple 产品，可以每年降低超过 1 430 万吨的二氧化碳排出量，相当于每年减少 300 万辆以上的汽车上路。2020 年 7 月，苹果公司承诺到 2030 年为整个业务、生产供应链和产品生命周期实现碳中和。

Facebook 是最大的可再生能源采购商之一，分别为 2018 年和 2019 年美国最大的清洁能源买家（来源：REBA）。2020 年开始，Facebook 实现全球运营的净零温室气体排放，以及 100% 使用可再生能源目标。Facebook 承诺到 2030 年在整个价值链上实现温室气体的净零排放。

亚马逊与 Global Optimism 于 2019 年 9 月共同发起"气候承诺"，

承诺提前十年达成《巴黎协定》的目标，即到 2040 年实现净零碳（net zero carbon）。迄今全球已有 31 家企业签署。亚马逊还承诺，2025 年达到 100% 的可再生能源使用率。由于亚马逊涉及很多线下业务，减排压力较大，相较于其他公司达成碳中和目标时间点相对较晚。

（二）助力城市管理和运行减碳

数字技术将赋能千行百业，在城市生活领域，融合城市管理和数字技术，通过数据管理优化运行，为居民带来便捷高效。

数字化技术结合城市生活场景，诞生了"智慧城市"。智慧城市并非一个严格概念，是一种将城市管理同数字化技术结合的思路。随着 5G 网络、云计算、物联网、人工智能等新一代信息技术逐步落地，科技生态环境日趋成熟，城市智能化、精细化管理得以实现，有助于解决城镇化进程中的各种难题。智慧城市带来生活便捷与多样的同时，也通过数字化手段实现各种生活场景的节能减排。车联网、智慧机场及智慧货运三个细分应用场景是数字化助力传统城市生活减排的有效场景，通过对比引入科技带来的二氧化碳排放增量，与科技赋能后二氧化碳排放减少量，来计算实现的二氧化碳排放净减少量来判断科技赋能的"性价比"。

1. 车路协同：提高配置效率，降低燃油消耗

车路协同基于传感探测、边缘计算、自动驾驶等技术，通过路测单元、车载终端获取和交互车路信息，对整体道路流量、交通事件、路况进行预判，实现车辆之间、车辆和基础设施之间的智能协同，达到加快路口通行速度、降低车辆燃油消耗、提高交通安全冗余度等目标。一是提效，智慧红绿灯可动态调制不同方向红绿灯时间以提高通

行率；基于早晚交通流量变化，潮汐车道可动态调整早晚高峰通行方向；依托车载摄像头、超声波雷达等设备，无人驾驶车辆可分析周边环境及行车状况，进行制动、转向、变道、速度等控制，降低交通拥堵风险，从而提升交通系统的运行效率与安全性。二是降耗，基于SLAM 技术，汽车可以通过摄像头采集的机器视觉信息与激光雷达ToF 的测距功能，定位并绘制出位置环境的地图，解决路线规划的不合理问题，降低碳足迹；此外，基于 V2X 通讯，车辆可编队行驶减少阻力、共享信号灯信息规划刹车时间，从而降低能耗。

2. 智慧机场：AI 精准测算，减少滑行距离

深圳智慧机场通过精准预测和管理，能让每架飞机少跑 1—2 分钟，减少耗油 10—20 升，根据中国民航局公布的全年航班起降架次，预计全年可减少二氧化碳排放量约 36.31 万吨。截至 2021 年 2 月全国机场数量达 241 个，基于机场面积预测全国机场数据中心占地面积进而推测所需数据中心及机柜数量，按照引入 AI 及数字化精准管理的机场带来 3% 数据存储增量的假设，进而得出数据中心耗电量增量约相当于 23.86 万吨二氧化碳排放，二氧化碳排放净减少仍有空间。

3. 智慧货运：平台型货运，降低空载率

根据中金公司预计，当前货运行业车辆运输空载率达 40%，如滴滴打车模式的互联网平台型货运调度公司有助降低空载率。截至 2020 年 6 月，我国载货车保有量为 2 944 万辆，假设这些车辆空载率从 40% 降至 20% 将减少全年无效行驶里程 1 472 亿公里，对应二氧化碳排放减少量约 0.7 亿吨。

第十章

新实体企业：重做一遍

背离习惯而引发创新,是件非常困难的事,创新常有冒犯的危险性,社会常常会加以抵制。要克服这种障碍,必须赖于特别的人格素质。

——约瑟夫·熊彼特(Joseph Alois Schumpeter) 奥地利经济学家

为实现碳中和目标,需要靠技术、政策、市场三者合力完成,即国家要有政策、科学界提供创新的技术、企业家提供市场。其中,企业作用和角色尤为特殊,如何让更多企业参与,让企业家能够组合起新的产品和新的技术,引导长期资本投向改变未来的科技,是值得深思的问题。

一、实现碳中和,企业是主力军

(一)明确双碳战略

在实现碳中和问题上,企业的作用是最特殊的,企业家精神是最稀缺的。如果没有企业或企业家的介入,碳中和可能只留在口号层面。企业家介入碳中和有以下几方面原因:当前针对双碳目标的国家政策,法律制度和发展环境正在完善。欧洲 28 国在 1979 年、1980 年后就碳达峰,到 2060 年有 80 年左右的时间实现碳中和。美国在 2005 年前后达峰,日本在 2013 年前后就实现了达峰。我国提出 2060 年实现碳中和目标后,一系列配套的国家政策、法律制度以及发展环境在逐步完善,并对企业提出全新的发展要求。作为市场经济主体,企业有强烈的使命及责任感来响应碳中和战略目标。同时零碳、低碳技术的发展,数字化科技的发展,以及金融部门如绿色金融、碳金融、转型金融给企业赋能,为企业进行双碳转型提供比较好的舞台。

从企业角度来讲,过去强调的是在数字环境下重做一遍企业。非数字化时代，传统企业家掌握一个机遇就能做出来一个企业，但是如今数字化时代的企业，需要重新界定客户，重新界定产品，重新界定品牌，重新界定渠道，重新界定利益相关者。碳中和的意义也是如此，对很多企业来讲，重新开拓新的模式，不仅能够推动自己节能减排，还能通过产品推动消费者在双碳方面行动，从这个意义上来讲，企业值得为了碳中和重做一遍商业模式。

（二）培育低碳新模式

在碳中和目标下，不同的行业因业务性质的不同，所面临的机遇、挑战和责任也存在差异。例如，光伏、风能等可再生能源行业会迎来巨大的发展机遇；工业制造、交通、建筑等高排放行业则需要采取紧急措施减少碳排放；金融行业自身不属于高排放行业，但其责任在于提高绿色金融能力来支持低碳项目，抑制高排放高污染项目；而其他众多非高排放行业也不能置身事外，自身的运营要逐步做到零碳化，比如机构所在建筑物的能耗要降低，员工出行也应尽量做到低碳等。

企业应在发展过程中，逐渐树立减碳减排意识，提出减碳目标、明确减碳路线图，要做好自身能力建设，开展碳核算，制定科学的减排目标，在工艺、技术方面转型升级，实施节能减排行动。可在以下几方面开展具体行动：一是确定并公布实现碳中和目标的时间表，明确减排目标及路径；二是开发至少一个与碳中和相关的产品或企业社会责任项目，体现企业的责任意识及使命感；三是要公布其碳足迹管理的进展并做好信息披露。

面对碳中和，企业要在节能减排、通过产品推动消费者的双碳行动中，做出新商业模式。大型企业已经开始对运营过程中的各个环节进行梳理，尽可能地压缩自身的碳排放，不少企业已经提出减排目标和路径。未来的趋势是,越来越多的采购商在面对多家供应商的时候,很可能会选择排放更绿色低碳的供应商,具备这样优势的企业就会在市场上获得更多的生存空间。毫无疑问,碳减排和可持续发展是企业创新能力建设的重要抓手,除了在技术和工艺流程上的创新,在企业的发展、运营、组织管理及项目实施过程中,充分考虑碳中和理念,注重提供低碳的产品和服务,消费者也会对相应的产品服务有更高的认同度。

(三)内部碳资产管理

新实体企业应当重视自身的碳资产管理,在确定的经营战略之下,开展以碳资产生成、社会声誉最大化、损失最小化为目的的管理行为,主要内容包括碳盘查、信息公开(碳披露、碳标签)、企业内部减排管理等。

1. 碳资产盘查

进行碳资产管理,首先要有可测量和可核查的基础数据,借此摸清碳家底。碳盘查是指在定义的空间和时间边界内,以政府、企业等为单位计算其在社会和生产活动的各环节中直接或者间接排放的温室气体。简单地说,碳盘查就是量化碳足迹的过程。碳资产盘查包括以下几方面。

图 10.1 碳资产盘查主要内容

确定边界。进行碳盘查的首要任务是确定进行盘查的组织和运营边界。只有确定了组织和运营边界,才有可能选取合适的标准,选择或排除全部排放源,最终计算出正确的结果。组织边界一般采用控制权法或股权池分法来确定。在确定了组织边界后,需要定义运营边界,包括识别与运营相关的直接碳排放和间接碳排放。

鉴别排放源。碳排放源一般有以下几方面:固定燃烧,指固定式设备的燃料燃烧,比如锅炉烧煤产生的排放等;移动燃烧,指交通工具的燃料燃烧,包括使用汽车过程中汽油燃烧产生的排放等;过程排放,指物理或化学过程中的排放,例如来自水泥生产的煅烧过程中排放的 CO_2;散佚排放,指故意或无意地释放,例如从废水污泥中释放的温室气体。

量化碳排放。确定排放量的方法主要有三种:直接测量法,对于温室气体排放,最直观、准确的方法就是直接监测温室气体的浓度和流量,但直接测量法通常较为昂贵且难于实现;排放系数法,通过燃料的使用量数据乘以排放系数得到的温室气体排放量,常用的排放系数包括国家发展和改革委员会每年公布的电力系统排放因子、IPCC 公布的燃煤排放系数等;质量平衡法,通过监测过程输入物质与输出物质的含碳量和成分计算。

碳排放清单。根据国内外标准要求,生产企业碳排放清单报告。

内外部核查。内部核查指由公司内部组织的核查工作,外部核查是指第三方机构进行的核查。

2. 内部减排管理

在碳盘查的基础上,企业将自身的碳排放情况、碳减排计划、碳减排方案、执行情况等适时适度向公众披露。此外,企业进行碳盘查后还可对经盘查识别出的重点排放源进行管理,有针对性地实施减排计划,如提高能源效率、技术改造、燃料转换、新技术应用等。

对大多数企业而言,针对碳排放源进行管理和降低碳排放,是与降低化石燃料(煤、石油、天然气)的使用密切相关的。通过减少化石燃料使用，降低企业碳排放还有很多协同效应，它除了能提升企业形象、践行企业社会责任等务虚的意义外，还能够切实地降低企业能耗、提高技术竞争力、改善现金流。

企业开展节能减排实质上有很多利好的模式和政策可以借鉴，例如合同能源管理模式。合同能源管理是指企业与专业的节能服务公司通过签订合同，实施节能改造。所签订合同的内容一般包括用能诊断、项目设计、项目融资、设备采购、工程施工、设备安装调试、人员培训、节能量确认和保证等。这种模式将节能技术改造的部分甚至大部分风险，都转移给了节能服务公司。对企业而言，通过将节能改造外包给专业的节能服务公司，可以解决前期技术改造升级所需的技术调研、设备采购、资金筹措、项目实施等关键问题，这种模式特别适合缺少专业人才和资金的中小企业。对于资金充裕、技术能力强的大企业，也可能会因为节能项目风险责任的转移而获得更扎实的效果。另外，合同能源管理项目所产生的碳减排量还有可能在碳交易试点中出售，北京碳交易试点就已将节能项目的碳减排量认定为一种合格的碳抵消信用额。

二、零碳金融：支持新实体

（一）服务之上更应支持转型

金融和资本是实体经济的伙伴，发展实体经济必须有强大的金融和资本市场的支持。金融如何更好地服务实体经济，促进直接融资，一是大力改善金融市场环境，开放竞争，积极推动国企改革，允许民企等不同形式的主体进入金融市场；二是改善金融市场的生态，强化风险管理，逐步建立市场风险定价功能；三是促进直接融资，支持上市公司和优秀企业做大做强。同时，我们认为资本市场作为直接融资的重要载体，参与者众多、影响面广。要让资本市场更好、更稳定地服务实体经济，首要任务就是夯实基础，支持和促进上市公司的发展。提高上市公司质量，优化信息披露，完善公司治理，推进并购重组市场化改革，降低优秀企业上市门槛，强化市场的优胜劣汰功能。让市场成为决定性力量，促进市场长期投资、价值投资理念的形成。

在碳中和战略目标下，零碳金融率先转型，将在经济绿色转型发展过程中发挥至关重要的作用。一是为节能减排、环境治理等项目提供重要的资金来源。我国绿色投资的 90% 需要靠社会资本，而金融体系的一个重要职能就是动员和激励各方面的社会资本参与投融资活动。这些资金的来源包括绿色金融、碳金融、转型金融等。二是缓解绿色项目的期限错配和其他风险。比如，有些中长期的绿色项目，虽然可以从银行获得较短期的贷款来支持，但期限错配可能会导致某些项目出现资金链紧张的风险。通过开展一些直接融资服务，可以有效缓解此类风险。三是有效抑制污染性项目的开工和生产。绿色金融、转型金融的普及发展，将引导银行和机构投资者评估投资项目的环境影响和对金融机构的风险，减少其对污染性和高碳项目的投资，从源头上达到降低污染和推动经济绿色化转型的目的。

与绿色金融不同，转型金融可应用于碳密集和高环境影响的行业、企业、项目和相关经济活动。这是转型金融的可取之处，即具有更大的灵活性、更强的针对性、更好的适应性，不受绿色金融概念、标准、分类的限制，所以在支持实体经济实现能源结构转型的范围和规模上，可以有非常大的突破。在我国当前状况下，这样的突破十分重要，也非常必要。我国是国际制造业中心，具有庞大的工业体系，有太多的碳密集、高环境影响行业和企业，需要通过各方面的金融支持进行技术改造、商业转型，逐步实现减排、低碳、零排放。

具体到项目来说，以电力行业为例，为了更好地支持非化石能源电力的发展，需要配套调峰火电机组，新上火电项目也可能是支持非化石能源发电的必要保障，就需要一定的资金支持这些项目的开展。再以钢铁行业为例，我国钢铁行业的碳排放量占碳排放总量的15%以上，无疑是未来碳减排和碳达峰、碳中和的重点领域之一。但当前我国城市化、房地产、汽车产业等仍具有非常大的发展空间背景下，对钢材的需求仍然会非常大，钢铁行业必须提供充分保障。这就存在一个在"30·60"双碳目标下，钢铁行业如何实现碳减排、达峰和中和的问题。毫无疑问，钢铁行业属于碳密集、高环境影响行业，总体上不符合绿色金融直接服务的要求、标准和分类，这时候转型金融就可以有效发挥作用，用以支持钢铁行业碳减排、达峰和中和所需要的大规模投资。

（二）传统金融加速"点绿成金"

在当前继续大力支持推动中国绿色金融创新发展的基础上，高度重视、大力发展转型金融，某种程度上应该像支持绿色金融那样支持和鼓励转型金融发展，最终形成绿色金融和转型金融并驾齐驱、相互支持、良性互动的局面。研究讨论适合中国国情和发展阶段的转型金融概念、标准和分类，以及相应的考核、管理体系，在这个基础上提出转型金融支持项目目录，在此过程中特别要注重其适用性，只要符合中国国情和"30·60"双碳目标要求，既无须照搬现有国际方案，也不必追求国际趋同；加大国际交流、讨论和沟通，尽可能推动形成共识，尊重和理解各国转型条件、路径和方式的差异，寻求国际社会对中国特色转型金融方案的支持。

金融在"碳达峰、碳中和"战略的贯彻中有如此关键的作用，因此传统金融机构的"转绿"任重而道远。借鉴绿色金融的发展经验，转型金融的发展应重视以下几点：

一是提高政策刚性支持。在充分研究基础上，加快制定转型金融相关政策规章，明确转型金融发展的工作目标和任务，对转型金融的认定标准、运作流程、管理方式、风险控制、政策支持等给予明确规定，引导金融机构资金流向的转型发展；同时健全转型金融财税支持体系和激励机制，通过财政贴息、融资担保、风险准备金补偿等激励方式，配套完善转型金融相关政策体系。

二是完善转型金融市场体系。发挥转型金融市场在投融资过程中、在环境风险管理以及资源配置中的作用，打造高水平的转型金融产业链条，调动证券、保险等非银行金融机构的积极性。加大对循环经济、企业转型和生态环保工作的支持力度，加强金融机构与企业的对接，促使转型金融更好地服务于实体经济。培育和扶持第三方认证机构和评估机构，建立转型投融资评价体系。

三是建立转型金融标准体系。转型金融的核心在于构建清洁低碳的能源和安全高效的产业体系，并做出金融市场和行为调整，因此建立完善转型金融标准体系，有效界定转型发展项目，才能有效推动实体经济的转型发展。

三、企业家精神：实现碳中和的关键

企业家精神是指某些人所具有的组织资源用于生产商品、寻找新的商业机会以及开展新商业模式的特殊才能。但从广义上来说，企业家精神是一种责任，是一种品格，也是一种价值观。新冠肺炎疫情发生以来，各类市场主体积极参与应对疫情的人民战争，团结协作、攻坚克难、奋力自救，同时为疫情防控提供了有力的物质支撑。这背后，企业家扮演着重要角色。这就是企业家精神的具体展现。从市场经济的角度来看，市场活力来自人，特别是来自企业家，来自企业家精神。企业家只有充分发扬企业家精神，在爱国、创新、诚信、社会责任和国际视野等方面不断提升自己，才能推动企业不断发展、经济不断进步。

金融服务实体、投资注入实体的关键都是企业家，企业家群体在双碳转型中有特别重要的作用。创造新的产品和新的技术，推进在零碳产业中的规模化应用，引导长期资本投向改变未来的科技——在实现碳中和问题上，企业的作用是最特殊的，企业家精神是最稀缺、最重要的。如果没有企业或企业家的介入，碳中和可能只停留在口号层面。具体来看，企业家精神推动"碳达峰、碳中和"实现的关键作用体现在以下几个方面：

1. 引领丰富的社会资本进入碳中和领域

实现碳中和必然需要大量的社会资本的支持。多方预测显示，"2030年前实现碳达峰、2060年前实现碳中和"这一目标所需资金规模可达百万亿级。而"碳达峰、碳中和"的目标将进一步促进绿色产业高速增长，预计绿色产业年均投资在3万亿元左右。如此体量的资金投入必须通过市场化的运作模式，依靠社会资本的力量。而社会资本最终由企业落地，所以说企业家可以引领丰富的社会资本进入碳中和领域。碳中和是一个巨大的经济机遇，建立起伟大的零碳企业和产业的国家，将在未来几十年里引领全球经济。而伟大的零碳企业和产业，则需要企业家精神的引领。

2. 在创新和规模化应用上有天然优势

碳中和战略的实施需要新技术、新产品、新模式的大量应用。尽快开发和部署新能源、低碳技术，规模化推广新技术产品应用，创新新市场模式,大幅降低碳中和技术难度及成本是实现碳中和目标的关键。而在技术、产品、商业模式创新和规模化推广上,企业始终是时代的前沿及主力军。在《气候经济与人类未来》一书中,比尔·盖茨提到,创新不仅仅是指新技术或新工艺的发明,它还包括与商业模式、供应链、市场和政策相关的新方法的提出。创新既是设备和技术的创新,也是做事方式的创新。

3. 引领行业的转型发展

著名经济学家约瑟夫·熊彼特认为,经济增长的源泉是企业家精神,是企业家的创新。企业家是经济增长的"国王",市场经济的真正"英雄"。张维迎认为,无论技术进步,还是资本积累,都是企业家精神的函数。新古典增长理论只关注投资多少,以为只要投资,就可以带来增长,不关注谁投资,误导了政府政策。而历史证明,谁投资比投资多少更重要,企业家投资与政府投资的效果完全不同。

企业家精神是经济增长和人类进步不可或缺的动力,也是实现"碳达峰、碳中和"战略的关键因素。张维迎在《企业家精神与中国经济》一书中指出,由于创新不仅投资巨大,而且回报周期很长,是一项高度不确定的事业。只有当企业家和投资者具有长远考虑和相对稳定的预期,他们才会积极从事创新投资。而在碳中和绿色发展产业中,绿色投资往往面临一定的外部性问题,同样造成投资回报的不确定性。为解决这个问题,一方面,要通过制度设计、政策激励、政府监管、宏观经济政策和社会文化等方面调整和改变,让企业家能专注于低碳创新及绿色发展;另一方面,企业家应当在碳中和进程中,树立责任感及使命感,积极推动绿色低碳发展,推动技术创新及规模化应用,为碳中和事业提供源源不断的动力。

四、应对气候危机：中国企业在行动

碳中和战略提出后，各个行业各种类型的企业都积极行动起来，特别是能源类公司纷纷表示力争提前碳达峰，将时间线提前，部分央企的碳中和规划比政府的双碳目标更加积极。

1. 能源：国家电网

2021年3月，国家电网发布"碳达峰、碳中和"行动方案（下称"行动方案"）。行动方案提出，国家电网将以"碳达峰"为基础前提，"碳中和"为最终目标，加快推进能源供给多元化清洁化低碳化、能源消费高效化减量化电气化。

一是将通过供给侧结构调整和需求侧响应"双侧"发力，解决"双高""双峰"问题，推动能源清洁低碳高效利用。具体而言，国家电网将继续加快构建智能电网，推动电网向能源互联网升级，同时通过加大跨区输送清洁能源力度、保障清洁能源及时同步并网等措施着力打造清洁能源优化配置平台；加强"大云物移智链"等技术在能源电力领域的融合创新和应用，加快信息采集、感知、处理、应用等环节建设，推进各能源品种的数据共享和价值挖掘。到2025年，初步建成国际领先的能源互联网。

二是推进各级电网协调发展，国家电网支持新能源优先就地就近并网消纳。在送端，完善西北、东北主网架结构，加快构建川渝特高压交流主网架，支撑跨区直流安全高效运行。在受端，扩展和完善华北、华东特高压交流主网架，加快建设华中特高压骨干网架，构建水、火、风、光资源优化配置平台，提高清洁能源接纳能力。"十四五"期间，国家电网规划建成7回特高压直流，新增输电能力5 600万千瓦。到2025年，公司经营区跨省跨区输电能力达到3.0亿千瓦，输送清洁能源占比达到50%。

三是开辟风电、太阳能发电等新能源配套电网工程建设"绿色通道",确保电网电源同步投产。加快水电、核电并网和送出工程建设,支持四川等地区水电开发,超前研究西藏水电开发外送方案。到2030年,公司经营区风电、太阳能发电总装机容量将达到10亿千瓦以上,水电装机达到2.8亿千瓦,核电装机达到8 000万千瓦。

2. 制造:宝武钢铁

作为我国钢铁行业的领导企业,中国宝武钢铁集团宣布,力争2023年实现碳达峰,2035年实现减碳30%,2050年实现碳中和,并在2021年发布低碳冶金路线图。具体来说,宝武以科技创新打通钢铁行业低碳发展路径,创立全球低碳冶金创新联盟,打造面向全球的低碳冶金创新技术交流平台;建立开放式研发创新模式,开展钢铁工业前瞻性、颠覆性、突破性创新技术研究;建设面向全球的低碳冶金创新试验基地,促进钢铁上下游产业链的技术合作,助推钢铁工业可持续发展。

中国宝武将把降碳作为源头治理的"牛鼻子",优化能源结构,加大节能环保技术投入,不断提高天然气等清洁能源比例,加大太阳能、风能、生物质能等可再生能源利用,布局氢能产业,推进能源结构清洁低碳化;不断提高炉窑热效率、深挖余能回收潜力,提升能源转换和利用效率,大幅降低能源消耗强度,严控能源消耗总量。

3. 地产和建材

在房地产行业,在万科公益基金会和自然资源保护协会及多家单位的支持下,大道应对气候变化促进中心和北京市企业家环保基金会联合发布了《房地产企业应对气候变化行动指南》,为房地产及其上下游企业开展节能减排工作、响应碳中和梳理了工具、政策、倡议和具体措施。

在建材行业，中国建筑材料联合会发布《推进建筑材料行业"碳达峰、碳中和"行动倡议书》，提出要在2025年前全面实现碳达峰，水泥等行业要在2023年前率先实现碳达峰，并提出：调整优化产业产品结构，推动建筑材料行业绿色低碳转型发展；加大清洁能源使用比例，促进能源结构清洁低碳化；加强低碳技术研发，推进建筑材料行业低碳技术的推广应用；提升能源利用效率，加强全过程节能管理；推进有条件的地区和产业率先达峰以及做好建筑材料行业进入碳市场的准备工作等具体建议。

4. 互联网

互联网企业如腾讯率先宣布启动碳中和目标规划，提出将更为关注企业运营对气候、水等自然环境的影响，加快推进碳中和规划，并将加大探索以人工智能为代表的前沿科技在应对地球重大挑战上的潜力，大步推进科技在产业节能减排方面的应用。蚂蚁集团公布碳中和路线图，承诺在2030年实现碳中和，并自2021年起定期披露碳中和进展。为实现该目标，蚂蚁自身的行动包括对现有园区进行节能减排改造，提高能效；新建园区按照绿色建筑标准进行设计、建设与运营；建立激励机制，倡导员工践行低碳办公行为；推进绿色投资，共建"碳中和技术创新基金"；等等。

5. 银行业

2021年2月，中国银行支持发行国内首批碳中和债券，支持中国长江三峡集团有限公司、国家电力投资集团有限公司、华能国际电力股份有限公司成功完成国内首批碳中和债券发行。中国银行本次主承销 3 只合计 36 亿元碳中和债券，其中三峡集团发行 3 年期 20 亿元，票面利率 3.45%；国家电投发行 2 年期 6 亿元，票面利率 3.4%；华能国际发行 3 年期 10 亿元，票面利率 3.45%。

中国建设银行承销发行了碳中和绿色债券，为碳减排气候治理提供了直融服务方案。在碳中和债试点项目中，建设银行参与了其中两笔中期票据的承销，其中雅砻江流域水电开发有限公司碳中和债取得了绿色主体和绿色项目双认证，募集资金全部用于两河口水电站项目建设。根据联合赤道环境评价有限公司的评估认证，与同等火力发电相比，两河口水电站每年可减排二氧化碳 628.76 万吨，节约标煤 337.04 万吨，碳减排效益显著。

6. 投资行业

2021 年 3 月，天风证券、证券时报社与中央财经大学绿色金融国际研究院，共同发布证券期货行业首份《促进"碳达峰、碳中和"行动倡议书》，旨在发挥行业力量，切实履行"碳达峰、碳中和"目标的金融责任。天风证券同时发布《"碳达峰、碳中和"行动方案》，从十个方面制定推进碳达峰、碳中和具体工作方向，包括开展环境信息披露、设立 ESG 投资部门、编制碳中和指数体系、深入参与低碳交易等内容。

5 月，由华软资本集团牵头，清华大学全球共同发展研究院、华夏新供给经济学研究院、生态环境部环境规划院、北京华软科技发展基金会共同发起成立"中国碳中和 50 人论坛"，论坛由中国生态环保界、经济金融界、实业科技界具有影响力和前瞻性的成员组成。论坛成立是为了推动中国全面绿色转型计划、实现"碳达峰、碳中和"战略目标，凝聚社会共识，充分发挥社会各界的优势资源，统筹协调，推进制度设计，形成共识，合力促进产业行动。

5月，国泰君安证券发布《践行碳达峰与碳中和的行动方案》，旨在提升公司治理效能，提高绿色低碳金融服务能级，力争尽早实现公司自身"碳达峰、碳中和"。行动方案具体内容可概括为包括"锻造五大关键能力"与"落实八大行动计划"。关键能力即有效提升公司绿色融资服务能力、绿色投资服务能力、碳交易定价能力、绿色金融跨境服务能力，以及绿色转型风险管理能力。主要行动计划包括提供碳金融综合服务、绿色投融资服务、创设销售碳中和主题金融产品、加强绿色金融国际布局与合作等。

7月，中金公司受邀加入由上海环境能源交易所牵头发起的"碳中和行动联盟"并担任首批常务理事。中金公司坚持"以国为怀"的初心，发挥国内领先投行的责任担当和自身资源优势，以联盟为平台，努力推进全国碳市场建设，加速碳中和技术推广应用，服务实体经济高质量发展，促进企业转型升级，助力双碳目标的实现。

参考文献

［1］ Arundhati Roy. The trickledown revolution.outlook, 2012.

［2］ Chuanguo Zhang, CongLiu, "The impact of ICTindustry on CO_2 emissions: A regional analysis in China", Renewableand Sustainable Energy Reviews, 2015, 44（4）: 12-19.

［3］ Ed Ayres. God's last offer, New York Four Wall sight Windows, 1999.

［4］ Geng J, Long R, Chen H, Yue T, Li W, Li Q. Exploring Multiple Motivations on Urban Residents' Travel Mode Choices: An Empirical Study from Jiangsu Province in China［J］. Sustainability, 2017, 9（1）: 136.

［5］ GeSI and BCG, "GeSI SMARTer 2020: The Role of ICT in Driving a Sustainable Future", December 2012.

［6］ GeSI, Accenture. SMARTer 2030——ICT Solutions for 21st Century Challenges. 2015.

［7］ GSMA, "The Enablement Effect: The Impact of Mobile Communications Technologies on Carbon Emission Reductions", Junary 2020.

［8］ Hanss D, BöHm G, Doran R, et al. Sustainable Consumption of Groceries: the Importance of Believing that One Can Contribute to Sustainable Development［J］. Sustainable Development, 2016.

[9] IEA, "Digitalization& Energy", 2017, https://webstore.iea.org/download/direct/269.

[10] Igor Mladenović, Svetlana Sokolov Mladenović, Milos Milovančević. Management and estimation of thermal comfort, carbon dioxide emission and economic growth by support vect or machine [J]. Renewable and Sustainable Energy Reviews, 2016.

[11] James Gustave Speth. The Bridge at the Edge of the World [M]. New Haven, CT: Yale University Press, 2008.

[12] Kim Stanley Robinson. Earth: under repair forever, Onearth, 2012.

[13] Lan-Cui Liu, GangWu, Jin-Nan Wang, Yi-MingWei, "China's carbon emissions from urban and rural households during 1992-2007", Journalof Cleaner Production, 2011（19）: 1754-1762.

[14] LiuXiao, PanYu. A Study of Carbon Emissions during a Tour: A case study of a Fou-Day Guided Tourin Guilin, China [J]. Journal of Hospitality and Tourism Management, 2016.

[15] Olson E L. It's not easy being green: the effects of attribute tradeoffs on green product preference and choice [J]. Journal of the Academy of Marketing Science, 2013, 41（2）: 171-184.

[16] Peattie K. Green Consumption: Behavior and Norms [J]. Annual Review of Environment and Resources, 2010, 35（1）.

[17] Sivan Kartha. The North-south divide, equity and development, Stockholm Environment Institute, 2012.

[18] Truck S, Borak S, Hardle W. Convenience yields for CO_2 emission allowance futures contracts [C] //Paper of School of Economics and Finance, Qucensland University of Technology, 2006, 10: 1-2.

[19] 埃森哲. 转型的科学 [M]. 上海：上海交通大学出版社，2019：96-

103.

［20］比尔·盖茨.气候经济与人类未来［M］.陈召强,译.北京:中信出版集团,2021.

［21］常杪,杨亮,王世汶.日本政策投资银行的最新绿色金融实践——促进环境友好经营融资业务［J］.环境保护,2008（10）:67-70.

［22］陈春荣.碳金融市场风险的文献综述［J］.福建质量管理,2020,000（002）:147,146.

［23］陈丽莉.碳税引发的国际税收协调问题研究［J］.涉外税务,2012（04）:28-33.

［24］陈柳钦.国内外绿色信贷发展动态分析［J］.决策咨询通讯,2010,25（011）:45-56.

［25］陈诗一,李志青.绿色金融概论.复旦大学出版社,2019.

［26］陈幸幸,史亚雅,宋献中.绿色信贷约束,商业信用与企业环境治理［J］.国际金融研究,2019,392（12）:15-24.

［27］董文博.基于EU-ETS市场的碳排放期权与便利收益实证分析［D］.吉林大学,2017.

［28］杜立民.我国二氧化碳排放的影响因素:基于省级面板数据的研究［J］,南方经济.2010（11）:20-33.

［29］封晔.绿色发展理念引领下消费升级的实现路径［J］.商业经济研究,2020（11）.

［30］高佳楠,郭雪萌,王博涵.构建我国上市公司碳会计信息披露报告的体系探究［J］.商业会计,2013,03:17-19.

［31］郭赟.消费者绿色消费"意向—行为"差距现象及成因探索［J］.商业经济研究,2019（7）.

［32］贺爱忠,宋友.西方经济学界可持续消费研究综述［J］.经济问题探索,2013（5）:177-184.

[33] 孔祥云. 我国碳金融市场的现状、问题及对策研究[J]. 农村经济与科技, 2019, 034（004）: 97-98.

[34] 雷立钧, 荆哲峰. 国际碳交易市场发展对中国的启示[J]. 中国人口·资源与环境, 2011（4）: 30-36.

[35] 李庚南. 碳中和愿景给金融业带来的机遇与挑战[J]. 中国农村金融（6）: 3.

[36] 李慧明, 刘倩, 左晓利. 困境与期待: 基于生态文明的消费模式转型研究述评与思考[J]. 中国人口·资源与环境, 2008（04）: 114-120.

[37] 李挚萍. 碳交易市场的监管机制研究[J]. 江苏大学学报（社会科学版）, 2012（01）: 62-68.

[38] 刘佳骏, 李雪慧, 史丹. 中国碳排放重心转移与驱动因素分析[J], 财贸经济, 2013（12）: 112-123.

[39] 刘敏. 我国碳排放权交易法律制度研究[J]. 法制博览, 2015, 000（011）: 200-201.

[40] 刘倩, 王遥, 等. 支撑中国低碳经济发展的碳金融机制研究[M]. 大连: 东北财经大学出版社, 2017.

[41] 刘姝璠. 低碳经济与环境金融[J]. 合作经济与科技, 2020（01）: 56-59.

[42] 龙英锋. 全球气候变化碳税边境调整对中国的挑战与应对（英文）[J]. 中国法学: 英文版, 2015（5）: 61-86.

[43] 卢福财, 刘林英, 徐远彬. 互联网发展对工业绿色全要素生产率的影响研究[J]. 江西社会科学. 2021（1）: 39-50.

[44] 陆非凡, 马怡乐, 李镁霞, 等. 绿色保险制度的中美对比[J]. 科技经济导刊, 2019, v.27; No.688（26）: 247.

[45] 吕永琦, 邓学龙. 商品市场便利收益的理论分析[J]. 煤炭经济研究,

2010，30（06）：42-45.

［46］马骏．构建中国绿色金融体系［M］．北京：中国金融出版社，2017.

［47］马险峰，王骏娴．加快建立绿色证券制度［J］．中国金融，2016，No.828（06）：62-64.

［48］马险峰，王骏娴．加快建立绿色证券制度［J］．中国金融，2016，No.828（06）：62-64.

［49］孟新祺．国际碳排放权交易体系对我国碳市场建立的启示［J］．学术交流，2014，000（001）：78-81.

［50］孟早明．中国碳排放权交易实务［M］．北京：化学工业出版社，2017.

［51］芈凌云，杨洁，俞学燕，等．信息型策略对居民节能行为的干预效果研究——基于Meta分析［J］．软科学，2016，30（4）：89-92.

［52］帕瓦达瓦蒂尼·桑达拉彦，纳格拉彦·维崴克，范连颖．绿色金融助推印度绿色经济可持续发展［J］．经济社会体制比较，2016（06）：51-61.

［53］钱立华，方琦，鲁政委．中国绿色金融发展新趋势［J］．金融博览．

［54］乔海曙，刘小丽．碳排放权的金融属性［J］．理论探索，2011（03）：62-65.

［55］裘丽娅，徐植．企业社会责任会计信息披露体系的构建——基于会计信息披露现状的分析［J］．技术经济，2006，10：118-121.

［56］史英哲，王瑶．绿色债券［M］．北京：中国金融出版社，2018.

［57］苏蕾．碳交易期货市场的构建与运行机制研究［D］．东北林业大学，2013.

［58］孙丹璐．我国环境金融发展探究［J］．时代金融，2015（08）：8-9.

［59］孙宏斌，郭庆来，潘昭光，王剑辉．能源互联网：驱动力、评述与展望．［J］电网技术，2015（39）：11，3005-3013.

［60］ 孙艺文.协同消费的商业基础、模式与可持续动力研究［J］.商业经济研究，2018（18）.

［61］ 腾讯研究院，碳排放的宏观考察、规律总结与数字减排"三大效应"研究 | 企鹅经济学，2021.

［62］ 腾讯研究院、IDC.数实共生：未来经济白皮书2021［M］.2021（1）.

［63］ 田昆儒，齐萱，张帆.上市公司碳会计信息披露质量提升问题研究［J］.当代财经，2006，01：108-112.

［64］ 万林葳，朱学义.低碳经济背景下我国企业碳资产管理初探［J］.商业会计，2010，000（017）：68-69.

［65］ 万寿义，刘威，李笑雪.企业社会责任会计信息披露的影响因素研究——基于我国沪市A股的实证检验［J］.会计之友，2013，21：23-31.

［66］ 王广宇.新实体经济［M］.北京：中信出版集团，2018.

［67］ 王建民，吴龙昌.绿色消费的情感—行为模型：混合研究方法［M］.2019.

［68］ 王建明.可持续消费管制的基本理论问题研究——内涵界定、目标定位和机制设计［J］.浙江社会科学，2011（12）：56-62+155.

［69］ 王晓艳.我国碳排放权交易法律制度研究［D］.山西财经大学.

［70］ 邬彩霞，高媛.数字经济驱动低碳产业发展的机制与效应研究［J］.贵州社会科学 2020（11）：155-161.

［71］ 吴波.绿色消费研究评述［J］.经济管理，2014，36（11）：178-189.

［72］ 吴宏杰.碳资产管理［M］.北京：北京联合出版公司，2015.

［73］ 谢孟哲，玛雅·弗斯塔特，余晓文，约翰·科尼克.ICT产业促进中国低碳经济发展［J］.中国电子学会节能工作推进委员会，2011（03）.

［74］ 徐嘉祺，余升翔.绿色消费行为的溢出效应：目标视角的调节作用

[J]．财经论丛，2019（11）．

[75] 阎晓峰．中国建材行业力争2025年全面实现碳达峰——在中国建筑材料联合会首场新闻发布会上的讲话．

[76] 颜延．会计报表中衍生产品的信息披露研究——美国的经验与启示[J]．会计研究，2013，04：32-37+95．

[77] 杨世忠，刘赛顶．我国上市公司碳会计信息披露暨审计质量分析[J]．审计与经济研究，2013，02：42-48．

[78] 杨星，碳金融系列丛书：碳金融概论[D]．华南理工大学出版社，2014．

[79] 游春．绿色保险制度建设的国际经验及启示[J]．海南金融，2009（03）：66-70．

[80] 俞林．碳标签食品消费者支付意愿研究[J]．企业经济，2015，34（10）：15-19．

[81] 湛泳，汪莹．绿色消费研究综述[J]．湘潭大学学报（哲学社会科学版），2018，42（6）：46-48．

[82] 张彩平．碳资产管理相关理论与实践问题研究[J]．财务与金融，2015（03）：60-64．

[83] 张露．碳标签对低碳产品消费行为的影响机制研究[D]．中国地质大学，2014．

[84] 张敏思．欧盟及相关国家碳交易管理体系对我国的启示[J]．中国经贸导刊（理论版），2017（23）：31-33．

[85] 张铁山，陈小双．汽车制造企业生产过程碳排放核算与策略[J]，企业经济，2014（10）：17-20．

[86] 张维迎，王勇．企业家精神与中国经济[M]．北京：中信出版社，2019．

[87] 张伟，朱启贵，李汉文．能源使用、碳排放与我国全要素碳减排效率

[J].经济研究,2013(10):138-150.

[88] 章升东,宋维明,何宇.国际碳基金发展概述[J].林业经济,2007(7):60-61.

[89] 赵越.碳中和背景下中国互联网巨头如何抓住新发展机遇?[J].可持续发展经济导刊(5):2.

[90] 中国人民银行研究局.中国绿色金融发展报告(2019)[D].北京:中国金融出版社,2020.

[91] 钟绍卓.基于碳标签体系的消费者行为机制研究[D].西南交通大学,2015.

[92] 仲永安,邓玉琴.中国大型电力企业碳资产管理路线初探[J].环境科学与管理(11):166-171.

[93] 舟丹.碳交易市场[J].中外能源,2015(09):12-12.

[94] 周宏春.世界碳交易市场的发展与启示[J].中国软科学,2009(12):39-48.

[95] 周晓苏,吴锡皓.稳健性对公司信息披露行为的影响研究——基于会计信息透明度的视角[J].南开管理评论,2013,03:89-100.

[96] 朱晓慧,郝海青.中国碳排放权交易法律制度的完善[J].齐齐哈尔大学学报(哲学社会科学版),2020(1).

[97] 朱鑫鑫,于宏源.美国地方自主减排体系如何运行——以芝加哥气候交易所为例[J].绿叶,2015(03):34-42.

[98] 俎文红,成爱,武汪秀.环境价值观与绿色消费行为的实证研究[J].商业经济研究,2017(19).

后 记

自我国碳中和目标提出后，各行各业均迅速行动，积极响应双碳战略。本人从事金融投资工作多年，关注绿色低碳、环保节能产业已久，结合实践及研究完成《零碳金融》一书。回顾一年来，全社会应对碳中和的举措，大有百花齐放、百家争鸣之势，"万事皆须碳中和"。随之而来一些问题显现：有的"口号式"减碳行动争相攀比，有的达峰时间层层提前路径激进，有的减碳目标层层加码但方案空洞……2021年7月30日中共中央政治局召开会议指出，要统筹有序做好碳达峰、碳中和工作，尽快出台2030年前碳达峰行动方案，纠正"运动式"减碳——表明高层已有警觉将逐步引导解决此类问题。

碳中和任重而道远，不能一蹴而就，要充分调动社会资源，完善政策法规体系，健全激励机制，才能有效落地技术和行动方案。在此过程中，零碳金融及市场机制将发挥巨大作用——金融投资业界须健全绿色金融体系，完善碳金融市场，不遗余力推动转型金融与科技创新更好结合。每个人都行动，扎实有序，稳中求进，才能探索出一条适合我国国情的碳中和发展转型之路。因此，本书对零碳金融主题的研究尚浅，众多问题仍有待进一步思解和探索，不足及谬误之处恳请批评。

感谢白重恩教授拨冗为本书作序推荐。

感谢杜祥琬院士、马蔚华主席、林毅夫教授、石定寰理事长、新望院长、管清友院长、毛基业教授和周立红会长给予的指导和鼓励。

感谢华夏新供给经济学研究院、中国碳中和50人论坛的各位专家在学术和研究方面的启迪。

感谢华软集团各位合伙人的长期支持，特别感谢集团负责市场研究的多名年轻同事的帮助和支持。

感谢中译出版社的乔卫兵社长和各位编辑的辛勤付出。

感谢朋友和家人的关爱。

王广宇

2021年10月于北京

附　录

中国碳中和 50 人论坛

中国碳中和 50 人论坛（以下简称"论坛"）是由清华大学全球共同发展研究院、华夏新供给经济学研究院、生态环境部环境规划院、北京华软科技发展基金会共同发起成立的学术交流和产融实践平台。清华大学经济管理学院作为其学术指导单位。论坛由中国生态环保界、经济金融界、实业科技界具有影响力和前瞻性的成员组成。

论坛成立是为了推动中国全面绿色转型计划、实现"碳达峰、碳中和"战略目标，凝聚社会共识，充分发挥社会各界的资源优势，统筹协调，推进制度设计，形成共识，合力促进产业行动。

论坛致力于通过融汇各界智慧与最佳实践，提出有利于自然生态和经济社会和谐发展的解决方案。同时，论坛旨在集合各界专业资源，深入研究有关"碳达峰、碳中和"制度机制、战略规划、碳排放源头控制以及相关重大科技专项等事项，探索碳达峰后经济社会深度脱碳路径，为政府部门决策、企业机构发展提供学术参考和智力支持。

联系电话：010-87937696
联系邮箱：leo.zhou@cnf50.org.cn